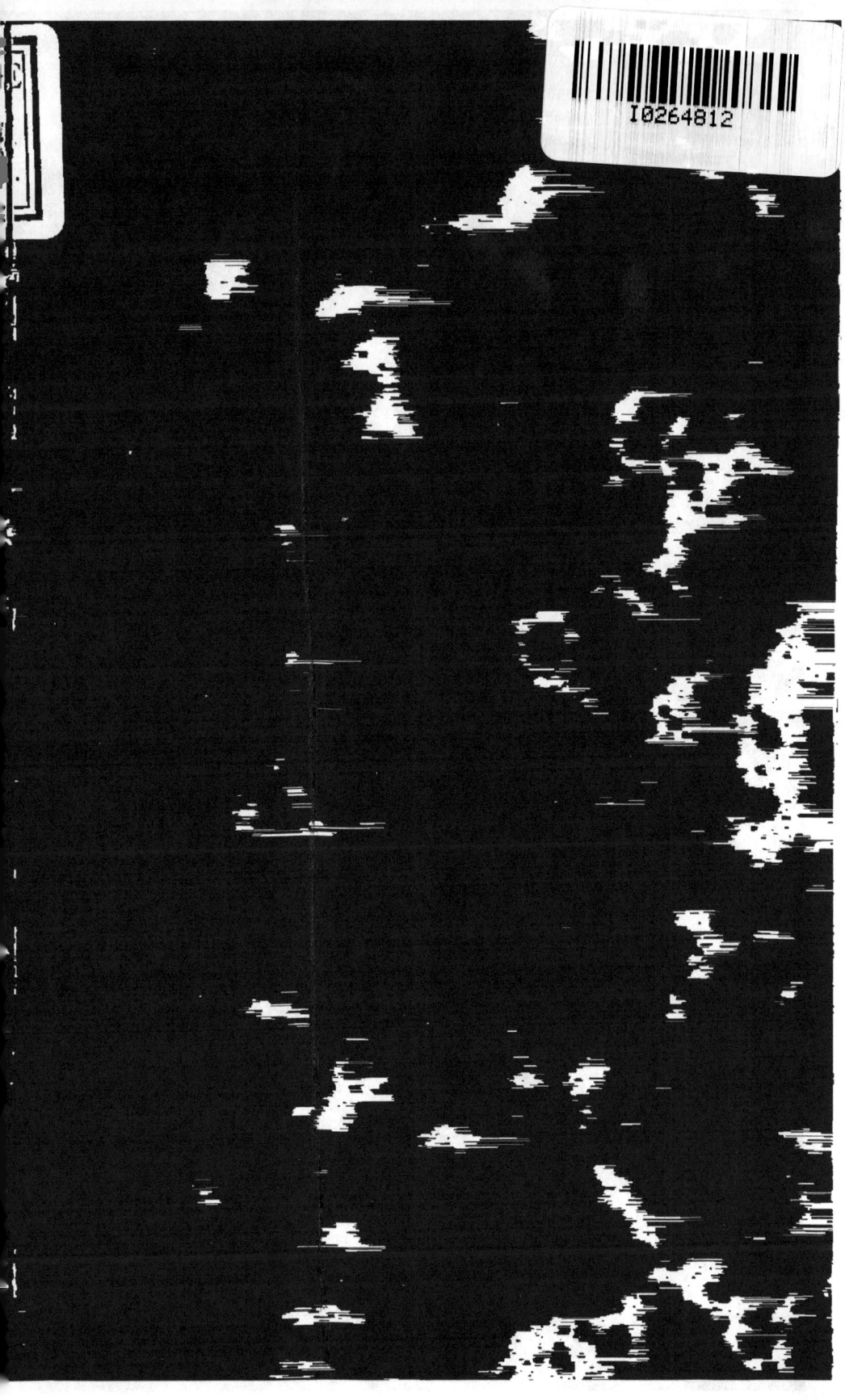

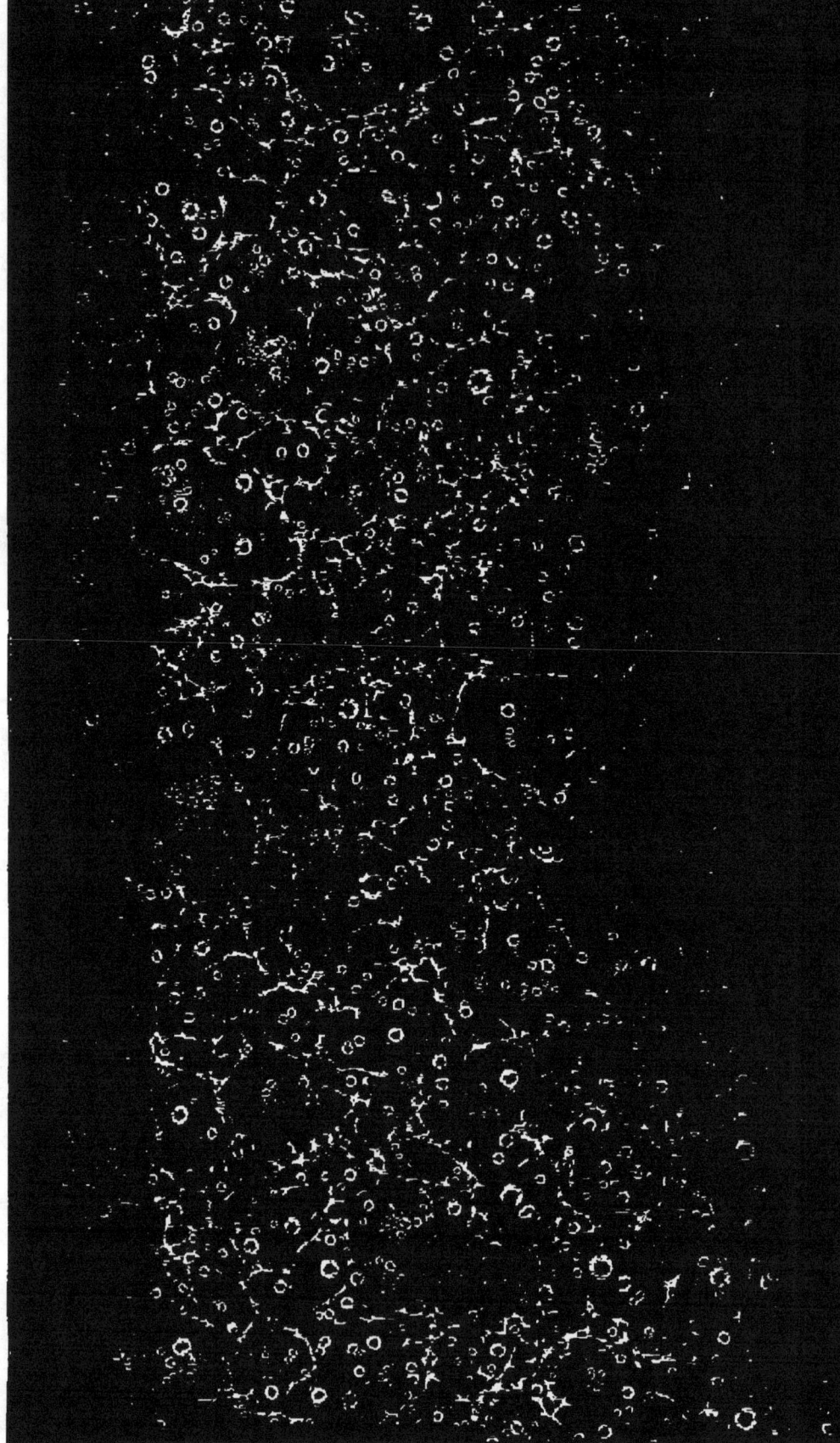

42879

BIBLIOTHÈQUE

D'UNE

MAISON DE CAMPAGNE.

TOME LXIV.

SEPTIÈME LIVRAISON.

MÉMOIRES

D'UN HOMME DE QUALITÉ.

MÉMOIRES

D'UN

HOMME DE QUALITÉ.

MÉMOIRES
ET
AVENTURES
D'UN
HOMME DE QUALITÉ
QUI S'EST RETIRÉ DU MONDE;
Par l'Abbé PRÉVOST.
TOME QUATRIÈME.

A PARIS,
CHEZ LEBÉGUE, IMPRIMEUR-LIBRAIRE,
RUE DES RATS, N° 14, PRÈS LA PLACE MAUBERT.

1821.

MÉMOIRES

ET

AVENTURES

D'UN HOMME DE QUALITÉ

QUI S'EST RETIRÉ DU MONDE.

TOME QUATRIÈME.

A PARIS,

CHEZ LEFÈVRE, LIBRAIRE-ÉDITEUR,
RUE DES MATHURINS, HÔTEL DE CLUNY.

1813.

MÉMOIRES

D'UN

HOMME DE QUALITÉ.

LIVRE DOUZIÈME.

Étant satisfaits de ce que nous avions vu à Londres et dans les autres parties d'Angleterre, nous ne pensâmes plus qu'à retourner en France. Nos adieux se firent régulièrement. La civilité de nos amis se soutint jusqu'à la fin : plusieurs s'embarquèrent avec nous, pour nous conduire jusqu'à Gravesend, où nous devions prendre la poste. Ils se firent accompagner de quelques instrumens, pour adoucir, nous disaient-ils, le regret qu'ils avaient de nous voir parti. Nous trouvâmes à Gravesend un magnifique souper qu'ils avaient envoyé préparer. La meilleure partie de la nuit se passa dans la joie, et un reste fort court à dormir. Enfin nous les quittâmes au matin, après mille embrassemens, et nous nous mîmes dans notre chaise. Nous fûmes en peu d'heures à Cantorberi, où nous dinâmes, et nous arrivâmes à Douvres avant le soir. Le vent se trouva si peu favorable, que nous fûmes obligés d'y passer la nuit, quoique le bâtiment qui devait nous porter fût prêt par les soins de Scoti, qui était parti de Londres avant nous. Le temps étant devenu plus commode, nous nous mîmes en mer le lendemain, et dans un instant nous fûmes éloignés du rivage. Cependant nos yeux y demeuraient encore attachés. Heureuse île ! dis-je au marquis, trop heureux habitans, s'ils sentent bien les avantages de leur climat et de leur situation ! Que leur manque-t-il de ce qui peut rendre la vie agréable et commode ? Prenons-les du côté de la nature ; la chaleur de leurs étés n'est point excessive, ni le froid de leurs hivers immodéré. Leurs terres produisent abondamment ce qui suffit pour leur usage. Ils pourraient se passer des biens de leurs voisins; cependant ils ajoutent à leurs propres biens ce qui se trouve de plus rare et de plus précieux dans tous les pays du monde. Il semble qu'ils aient mis tout l'univers à contribution. Londres est aujourd'hui une espèce de centre où les richesses du monde entier viennent aboutir par les lignes du commerce : elles se distribuent avec proportion dans toutes les parties de l'île. Ce n'est point la force, ni l'autorité, ni la naissance qui règlent cette distribution. Chacun y participe autant qu'il en est capable, et qu'il sait les attirer vers lui par son industrie, ses soins et son travail. Sont-ils moins heureux dans l'ordre moral? Ils ont su conserver leur liberté contre toutes les atteintes de la tyrannie. Elle est établie sur des fondemens qui paraissent inébranlables. Leurs lois sont sages et d'une explication facile. Vous n'en trouverez pas une qui ne se rapporte au bien public;

et chez eux le bien public n'est point un vain nom qui serve de masque à l'injustice et à la violence de ceux qui ont l'autorité en main : chacun y connaît l'étendue de ses droits ; le peuple a les siens, dans lesquels il sait se conserver ; comme les grands ont leurs bornes, au-delà desquelles ils n'osent rien entreprendre. La religion n'y est pas moins libre. Les Anglais ont reconnu que la contrainte est un attentat contre l'esprit de l'Evangile. Ils savent que le cœur des hommes est le domaine de Dieu ; que la violence ne produit que des changemens extérieurs ; qu'un culte forcé est un culte sacrilége qui perd celui qui l'exige et celui qui le rend ; et, sur ces principes, ils ouvrent leurs temples à ceux qui veulent y entrer, sans s'irriter lorsqu'on les abandonne. Aussi la vertu ne consiste-t-elle jamais, parmi eux, en grimaces et en démonstrations affectées. Tout y est solide, et répond au caractère de leur génie. Les catholiques ne leur rendent point assez de justice de ce côté-là : ils s'imaginent faussement que la religion est négligée en Angleterre. Mais s'ils savaient qu'il n'y a point de pays au monde où le service de l'Eglise se fasse avec plus de décence et de modestie, où les enfans soient élevés plus chrétiennement, où les vices scandaleux soient moins soufferts, où les vérités de l'Evangile soient prêchées plus solidement, ils reviendraient sans doute de cette opinion. On y a détruit les abbayes et les monastères ; vous trouverez peu de catholiques qui ne se persuadent là-dessus que c'était pour enrichir le monde des dépouilles de l'Eglise : ils ignorent que les Anglais y ont substitué des établissemens sans comparaison plus utiles.

On ne voit en Angleterre, dans les villes et dans les plus simples villages, que des hôpitaux pour les malades, des maisons de charité pour la retraite des pauvres, des asiles pour les vieillards de l'un et de l'autre sexe, des écoles pour l'instruction des enfans, enfin, mille monumens de piété et de zèle pour la religion et la patrie. Quel est l'homme de bon sens qui ne préférât point ces sages et religieuses fondations à nos couvens et à nos monastères, où l'on ne sait que trop que la fainéantise et l'inutilité s'honorent du nom de haine du monde et de contemplation des vérités célestes.

Le marquis interrompit cette effusion de mon estime pour les Anglais : Je gage, me dit-il en riant, que les discours de M. l'évêque de Chichester vous ont rendu protestant; car tout ce que vous me dites là sent un peu l'esprit de la réformation. Je suis, lui répondis-je, ce que je crois devoir être en matière de religion. Ce n'est ni le nom de catholique, ni le nom de protestant qui me déterminent; c'est la connaissance de la vérité, que je crois avoir acquise il y a long-temps par la faveur du Ciel et par mes réflexions. Mais fussé-je évêque italien, c'est-à-dire livré aux plus excessives préventions, je n'aurais pu m'empêcher, en Angleterre, d'ouvrir les yeux sur ce qui s'y présente, et par conséquent de reconnaître ce que j'en ai dit, et ce que je ne craindrai jamais de répéter. Cet entretien dura si long-temps, qu'au lieu des côtes d'Angleterre, que nous avions perdues de vue, nous commençâmes à découvrir celles de France. Le vent continua d'être favorable; nous arrivâmes en fort peu de temps à Calais. L'impatience du marquis lui faisait souhaiter de partir sur-le-champ; mais, sous prétexte de voir les fortifications de la ville, je le priai d'y passer le reste du jour et la nuit. J'avais dessein de prendre quelques momens pour méditer sur la conduite que j'allais tenir avec lui. Ce n'est pas que jeusse différé si tard à y penser; mais le projet même que j'avais formé demandait que nous ne nous pressassions pas de partir. J'avais d'abord supposé, comme une chose nécessaire, que je ne mènerais point le marquis à la terre de ma fille. S'il n'était pas guéri de sa passion pour ma nièce, il était du moins accoutumé, en quelque sorte, à ne la pas voir. C'était un commencement de guérison que je ne voulais pas rendre inutile, en le rapprochant d'elle; mais la difficulté était d'imaginer des prétextes. Je ne pouvais le mener à Paris : M. le duc son père m'avait déclaré qu'il ne souhaitait pas qu'il y parût avant la fin de nos voyages. Il me vint à l'esprit de le conduire au château que M. le duc avait auprès de l'abbaye où j'avais passé quelques années dans la retraite. Je lui fis entendre qu'étant au milieu de la belle saison, il y avait apparence que nous le trouverions là, et je lui persuadai que nous ne pouvions pas avec bienséance manquer de lui aller rendre nos respects en rentrant dans le royaume, après quatre ou cinq mois d'absence. Comme je parlais de l'accompagner, il n'eut rien à m'opposer à cette proposition. J'écrivis en sa présence une lettre à ma fille, pour lui marquer notre retour en France, et j'ordonnai à Scoti de partir en poste pour la lui porter. Mais j'en écrivis une autre en secret à M. le duc, par laquelle, en lui donnant avis de notre arrivée, je le priais de se rendre dans sa terre, où nous l'irions joindre en peu de jours, et où je remettais à lui communiquer les raisons qui m'obligeaient de lui faire cette prière. Je donnai secrètement ordre à Scoti de passer par Paris avant que d'aller chez ma fille, et de rendre cette lettre en mains propres à M. le duc. Nous partîmes de Calais le lendemain. Je trouvai moyen, sans affectation, d'alonger notre route sous divers prétextes; de sorte que n'étant arrivés que le sixième jour dans les terres de M. le duc, nous apprîmes qu'il y était dès le jour auparavant.

Je lui découvris ce qui m'avait amené, dans le premier entretien particulier que j'eus avec lui. Il tomba d'accord de la nécessité de retenir le marquis pendant que j'irais chez ma fille. La raison la plus spécieuse fut celle de lui faire voir une partie de ses parens, avant que de recommencer de nouveaux voyages. Je passai trois jours avec eux, au bout desquels je me disposai à partir. Le marquis parut fort affligé de demeurer après moi : cependant, comme il ne se doutait nullement de la cause de notre séparation, il la supporta patiemment, dans l'espérance de venir me rejoindre aussi-tôt qu'il aurait vu sa famille. Il s'y prit fort adroitement pour écrire à ma nièce avant mon départ. J'étais sans valet, ayant fait partir Scoti de Calais, avec ordre de m'attendre chez ma fille. Mon dessein était de prendre là le carrosse public. Le marquis représenta en secret à M. le duc qu'il ne serait pas civil de me laisser partir dans la voiture commune, et qu'il fallait me donner un carrosse ou une chaise de la maison. M. le duc, qui n'y avait pas fait attention, entra dans toutes ses vues, et il fut le premier à me faire honnêtement cette proposition. J'acceptai la chaise avec quelque résistance. Ce fut Brissant qui fut nommé pour la suivre à cheval; car j'ai oublié de dire que malgré la menace que je lui avais faite à Londres de le congédier en arrivant en France, il avait obtenu de nous son pardon, par ses prières et par des assurances d'une meilleure conduite. Etant arrivé le soir à la première ville où je devais passer la nuit, et réfléchissant sur les affaires du marquis et sur les miennes, il me tomba dans l'esprit que Brissant n'était pas sans quelque secrète commission de son maître. Il se fit presser si long-temps, que je ne doutai point qu'il ne fût engagé au silence par de grandes promesses. Enfin, lui ayant fait entendre que si je découvrais qu'il m'eût trompé, il ne demeurerait pas un quart d'heure d'avantage avec nous, il tira de sa poche une lettre qu'il avait enveloppée avec beaucoup de soin, et il me la présenta. Je lui dis que j'étais content de lui, et qu'il pouvait se retirer. J'ouvris la lettre. Voici ce qu'elle contenait : je la transcris mot à mot.

« Trop chère, mais trop cruelle ou trop
« inconstante Nadine (c'était, comme
« j'ai dit, le nom de ma nièce), est-ce de
« votre rigueur ou de votre changement
« que je dois me plaindre! J'étais parti
« de France avec l'opinion d'être aimé
« de vous : vous m'aviez permis de le
« croire. Quelles espérances ne formais-je
« point sur une permission si douce et
« si flatteuse! Avez-vous oublié l'excès de
« ma joie? Ne vous répondait-il pas de

« celui de ma tendresse? Cependant, par
« une cruauté que je ne puis compren-
« dre, ou par un oubli qui me cause
« encore plus de douleur, vous avez ren-
« du misérable, pendant quatre mois,
« un cœur dont vous aviez commencé
« la félicité, et qui n'en a plus à espé-
« rer, s'il est vrai qu'il vous retrouve in-
« sensible ou infidelle. A quoi faut-il que
« j'attribue votre silence? Ce n'est point
« à la colère du Ciel, qui ne saurait con-
« damner la sincérité de mes sentimens
« et l'innocence de mes désirs. Ce n'est
« pas non plus à la trahison de notre
« corespondant, qui s'était engagé par ser-
« ment à m'être fidèle. Ce ne doit donc
« être qu'à vous-même. Si cette triste
« conjecture est certaine, il ne me reste
« plus qu'à mourir promptement; car la
« vie va devenir pour moi un fardeau
« que je ne me sens point la force de sup-
« porter. Apprenez-moi du moins ce qu'il
« faut que je pense de vous. Mon valet
« vous servira fidèlement. Vous saurez
« de M. de Renoncourt la raison qui

« m'empêche de me rendre auprès de vous
« avec lui. C'est un nouveau malheur qui
« achevera de me perdre, si vous ne
« me consolez par un mot de réponse.
« Souvenez-vous de vos promesses et
« de mes sermens. Souvenez-vous de
« vos bontés, de vos charmes, de ma
« tendresse infinie, de mon respect, de
« ma fidélité; et songez si je puis perdre
« l'espérance d'être aimé de vous, sans
« mourir. Adieu, chère cruelle. »

Je fus fâché de voir, après avoir lu cette lettre, que je n'avais point de parti à prendre qui pût m'être agréable. Je ne trouvais point de milieu entre ces deux choses, ou de renvoyer seul Amulem et ses enfans en Asie, si je voulais continuer de prendre soin de la conduite du marquis dans ses voyages; ou de rompre entièrement les engagemens que j'avais avec M. le duc son père et avec lui, si je voulais jouir quelque temps de la présence d'Amulem, et l'accompagner ensuite à son départ, comme je m'étais proposé de le faire pendant une partie de sa route. Ce qui me chagrinait le plus, c'était de me voir obligé de prendre promptement une résolution ; car je ne voulais point tromper M. le duc, par une fausse espérance de me voir retourner avec son fils. D'ailleurs, je n'aurais pu abandonner le marquis sans une peine extrême : il m'était devenu si cher, que je ne mettais plus de différence entre lui et ma fille. Je continuai de marcher dans ces irrésolutions. Elles me causaient une inquiétude si visible, que toute ma famille s'en aperçut à mon arrivée. Je reçus néanmoins leurs caresses avec un retour égal d'affection. J'étais charmé de me retrouver au milieu de tant de personnes dont je pouvais m'assurer d'être aimé tendrement. Miladi R... parut extrêmement touchée du plaisir de me revoir. Je ne pus me défendre aussi d'en ressentir beaucoup; et quoique je me fusse armé de toute ma force contre le pouvoir de ses charmes, je continuai de sentir qu'il n'est point d'âge ni de réflexions qui puissent arrêter les mouvemens du cœur. Je l'aimerai, dis-je en moi-même : je vois bien qu'une plus longue résistance serait inutile ; mais je saurai du moins régler tellement mon amour, et le tenir même si secret, qu'il ne sera ni scandaleux ni criminel.

J'avais à m'éclaircir de tant de choses avec ma fille, que je ménageai le plus tôt qu'il me fut possible un entretien particulier avec elle. Comme cette chère fille était la meilleure partie de moi-même, je lui communiquai sans réserve mes pensées. Elle avait un sens droit et un jugement solide qui la rendaient capable de me donner un bon conseil. Elle était avec cela dans une situation d'esprit tranquille; car elle menait une vie très-heureuse, et rien ne paraissait devoir l'affliger que les infortunes de son père. Je commençai par lui demander ce qu'elle pensait de ma nièce Nadine, et si elle n'avait rien découvert de son intrigue avec le marquis. Elle me dit que cette aimable petite créature avait toujours été mélancolique pendant notre absence ; qu'elle avait cherché la solitude ; et que, malgré les divertissemens qu'on avait tâché de lui procurer, elle s'échappait souvent pour se promener seule dans le bois pendant des heures entières. Ma fille me dit aussi qu'après avoir reçu ma lettre de Londres, elle avait fait appeler son bailli; qu'elle l'avait forcé d'avouer la promesse qu'il avait faite au marquis de recevoir ses lettres pour Nadine, et celles de Nadine pour lui; que l'ayant menacé de son ressentiment s'il ne lui apportait pas toutes celles qu'il recevrait, il lui en avait mis en main trois du marquis en différens temps; mais qu'il n'en avait reçu aucune de ma nièce. Que ferons-nous donc, dis-je alors, pour les guérir de cette inclination qui peut avoir des suites fâcheuses? Ma fille me répondit qu'elle n'y voyait pas tant de difficulté; que Nadine étant sage et bien élevée, il ne fallait rien craindre d'elle qui pût nous faire déshonneur; que par précaution, néanmoins, il serait à propos de l'éloigner du marquis, et de leur ôter toutes les occasions de se voir. C'est la difficulté, répliquai-je; car le marquis s'attend que nous exécuterons le projet du voyage d'Allemagne pour conduire Amulem et ses enfans jusqu'à Vienne. Ma fille m'apprit alors qu'elle espérait retenir Nadine en France; qu'elle croyait avoir ébranlé Amulem par ses raisonnemens et par ses instances, et que, pour peu que je voulusse la seconder par mes prières, elle ne doutait point qu'il ne consentît à nous la laisser. Je lui ai représenté, me dit-elle, que s'il aime sa fille, il doit souhaiter de la voir heureuse; qu'il est impossible qu'elle le soit jamais dans un sérail, après avoir goûté nos manières de France; qu'il ne perdra pas plus à me la donner, qu'à la reconduire en Turquie, où elle ne sera pas plutôt mariée, qu'il se verra privé de sa vue pour toujours; qu'il ignorera même si son époux turc en usera bien avec elle; au lieu qu'en la laissant entre mes mains, il sera assuré qu'elle est avec de chers amis qui l'aimeront tendrement, qui lui donneront quelquefois de ses nouvelles, et qui ne manqueront point de lui trouver un établissement honnête et avantageux, qui la rendra plus heureuse que la maîtresse favorite du Grand-Seigneur. Nous l'obtiendrons donc de mon oncle, continua-t-elle, et nous la mettrons pour quelques années dans un couvent : elle achevera de prendre nos manières, et elle aura le temps d'oublier le marquis. J'embrassai ma fille, pour la remercier d'un expédient si heureux. Je lui demandai ensuite comment elle avait reçu miladi R..., et quelle opinion elle avait de cette belle dame. Elle m'assura qu'elle était charmée de ses manières et de sa conduite. Dans les premiers jours de son arrivée, me dit-elle, je la trouvai sombre et réservée : elle parlait peu, et elle semblait nous examiner avec attention ; mais lorsqu'un peu d'habitude nous eut rendues plus familières, elle m'ouvrit son cœur d'un air si naturel et si charmant, que je l'ai chérie depuis comme une sœur. Elle m'a raconté tous ses malheurs, ajouta ma fille ; elle ne m'a pas même caché l'inclination violente qu'elle s'est sentie pour vous, et qu'elle conserve encore si bien, qu'elle m'en entretient tous les jours. J'interrompis ce discours, que je n'aurais pu entendre long-temps sans rougir. Je tâchai de faire prendre un autre tour à notre conversation; mais je ne le fis pas assez habilement pour tromper ma fille. Que je serais contente, mon cher père, interrompit-elle tout d'un coup, si je ne me trompais pas dans mes conjectures! Si ce que je pense est vrai, je donnerais ma vie pour miladi R... Que voulez-vous dire, lui répondis-je en rougissant; je ne conçois rien à ce discours ni à votre exclamation. Je vous demande pardon mille fois, reprit-elle en m'embrassant; mais si vous aimez un peu votre chère fille, vous ne lui cacherez point les sentimens de votre cœur. Pour moi, je ne vous déguiserai point les miens. Je serais charmée que la tendresse de miladi pût vous causer un peu d'émotion, et qu'elle vous fît perdre cette impatience de retourner dans la solitude dont vous m'avez entretenue depuis deux ans dans toutes vos lettres. Je demeurai quelque temps en silence à la fin de ce discours. Je tenais les yeux baissés; et, dans la con fusion des mouvemens qui se passaient dans mon cœur, je ne savais quels termes je devais choisir pour m'exprimer. Ah ma fille, lui dis-je enfin! quel souhait faites-vous pour votre père! Songez-vous que dans peu de jours il faudra penser aux apprêts de ma sépulture? Vous ne voyez que trop que je commence à peser sur la terre. Comment pouvez-vous me parler d'amour, et d'autres émotions de cœur que celles que la crainte de la mort me doit causer? Au lieu de devenir plus sérieuse par ma réponse, elle se mit à rire et à m'assurer que j'avais si peu l'air moribond, que miladi R... ne parlait qu'avec extase de ma bonne mine. J'avoue que je ne pus m'empêcher de sourire moi-même de cette plaisanterie. Cependant je n'étais pas moins ému au fond de l'ame. Je repris d'un ton aussi triste que le premier: Non, ma chère fille, il ne convient plus à votre père de penser aux folies de l'amour. Les sources de la joie et du plaisir sont taries dans mon cœur. Je vois votre mère qui me tend les bras et qui m'appelle après elle. Je ne ferai point le sourd lorsque le Ciel m'accordera de la suivre. Cependant, comme j'ai trop de confiance en vous pour vous rien cacher, je vous avouerai que les charmes séduisans de miladi R... m'ont causé de l'inquiétude. Vous m'avez vu rougir au commencement de votre discours : c'était du reproche que mon cœur se faisait de sa faiblesse. Je ne vous fais pas cet aveu pour être flatté ni encouragé; au contraire, je veux prévenir par-là vos sollicitations. Si vous avez à prendre parti pour quelqu'un, il faut que ce soit pour votre père. Ne me parlez de miladi R... que comme d'une personne qui mérite l'estime de tout le monde. Quand vous me demanderez des sentimens plus particuliers pour elle, je me plaindrai que vous manquez d'amitié pour moi, ou bien je vous accuserai de m'en donner de fort mauvaises marques. Ma fille m'entendant parler si sérieusement, craignit de m'avoir déplu : elle me fit connaître cette crainte. Je l'embrassai avec toute la tendresse de mon cœur. Vous m'êtes trop chère, lui dis-je, pour rien faire dont je puisse jamais me tenir offensé. Je suis bien aise même que vous m'ayez donné occasion de m'expliquer comme j'ai fait. J'en tirerai la consolation de pouvoir continuer à vous découvrir mes sentimens par rapport à miladi R...; et si j'avais le malheur de me trouver plus faible que je ne dois, je suis bien sûr que mes faiblesses ne peuvent être déposées plus fidèlement que dans le sein de ma chère fille. Avant que de finir cette longue conversation, je lui demandai si miladi ne s'était jamais ouverte à elle sur ses desseins d'établissement, ou sur le lieu qu'elle voulait choisir pour sa retraite dans la suite de sa vie. Elle me dit que si les protestations de cette dame étaient sincères, elle ne chercherait point d'autre retraite que le lieu où elle était, et où elle jurait qu'elle se croyait plus heureuse que parmi les plaisirs de la Cour d'Angleterre.

La manière dont nous passâmes le temps pendant quinze jours dans la terre de ma fille, fut une des plus charmantes époques de ma vie. La santé, la joie, l'amitié, l'ouverture et la communication de cœur, l'empressement de s'obliger et de contribuer à la satisfaction commune; enfin tout ce qui peut rendre agréable et amusante une société de personnes qui s'estiment et qui s'aiment, parut se réunir en notre faveur sans la moindre interruption. Je reçus de miladi R.... cent témoignages d'estime et d'une honnête affection. Je ne lui en donnai pas moins de mon respect; mais sans entrer dans un détail particulier de sentimens que j'étais résolu d'éviter. Je trouvais assurément de la douceur à l'entretenir; j'admirais ses charmes : mais, soit que mon cœur fût occupé de la satisfaction d'être auprès d'elle, soit que mes efforts l'eussent rendu plus soumis, je n'y remarquai point de mouvemens que le devoir m'obligeât de combattre et de réprimer. Pour elle, je trouvai dans toutes ses manières cet air de modestie qui relève les charmes de la beauté, et dont il lui avait été pardonnable de s'écarter un peu dans la violente situation où je l'avais vue à Londres.

Amulem et ses deux enfans s'exprimaient si aisément en Français, qu'on ne s'apervait presque point qu'il fussent Turcs. Ils s'étaient mis à la française. Nadine était toujours dans son déguisement, sous le nom de Memiscès; miladi même ne la connaissait pas autrement. Nous résolûmes néanmoins, ma fille et moi, de lui ôter ce masque, et de lui faire prendre les habits qui convenaient à son sexe; mais ce ne fut qu'après avoir fait un nouvel effort pour obtenir d'Amulem qu'elle nous restât après son départ. Il eut beaucoup de peine à se laisser vaincre. Son consentement ne se donna même qu'avec des larmes. Il l'accorda pourtant, à condition que le marquis mon gendre et ma fille lui tiendraient lieu de père et de mère, et qu'ils en prendraient même le nom. Nous fîmes cette cérémonie avec éclat. Tous les voisins de mon gendre furent invités. Nadine parut si brillante sous sa nouvelle parure, qu'elle fit d'abord plus d'une conquête. Nous en eûmes une malheureuse preuve trois semaines après, par l'ardeur de deux jeunes gentilshommes qui la demandèrent en mariage presque en même temps, et par les funestes suites de cette demande.

Pendant que j'étais si agréablement occupé, je reçus une lettre de M. l'abbé du Bois, que nous avons vu depuis cardinal et premier ministre, par laquelle il me marquait, de la part de S. A. R. M. le duc d'Orléans, de me rendre incessamment à Paris. Un ordre de cette nature me surprit beaucoup, moi qui ne me croyais connu que de très-peu de personnes, et qui prenais si peu de part aux affaires de l'Etat, qu'à peine lisais-je quelquefois la gazette. Je consultai ma famille sur cet événement. Nous convînmes qu'avant de me rendre à Paris je passerais chez M. le duc d...., dont les avis et la protection m'étaient assurés. Je pris la poste pour faire plus de diligence. M. le duc ne parut point surpris de la lettre que j'avais reçue. Il m'expliqua le mystère. J'ai parlé de vous, me dit-il, à l'abbé du Bois, comme d'un homme d'esprit qui m'avez fait le plaisir d'accompagner mon fils en Angleterre, et qui y avez passé quatre ou cinq mois avec lui. Vous verrez que cet abbé, qui est destiné *in petto* par S. A. R. à l'ambassade de Londres, est bien aise de vous consulter sur les affaires de ce pays-là. Je partis le lendemain pour Paris. Après y avoir pris quelques heures de repos à mon arrivée, je me rendis au Palais-Royal, où M. l'abbé du Bois faisait sa demeure. Je me fis annoncer; on ne tarda point à m'introduire. M. l'abbé me reçut honnêtement; et sans s'arrêter plus d'une minute avec moi, il me pria de l'accompagner chez M. le duc Régent. Nous trouvâmes ce prince avec deux dames : l'une était, comme je l'ai su depuis, madame la comtesse de P..,, et l'autre madame la marquise de F.., Elles demeurèrent avec nous. S. A. R., ayant su de l'abbé qui j'étais, me fit dire de m'approcher. Vous êtes, Monsieur, me dit-il, un homme d'expérience qui avez voyagé récemment en Angleterre; m'apprendrez-vous quelque chose de nouveau qui conćerne ce pays-là ? Je répondis que mes observations s'étaient moins attachées aux affaires d'Etat qu'au caractère des Anglais et aux coutumes du pays. Mais enfin, reprit S. A. R., vous y avez été témoin de tant de grands événemens, qu'il est difficile que vous n'y ayez pas porté votre attention. Que pensez-vous des affaires d'Ecosse et des divisions du Parlement ? Je m'expliquerai avec liberté, Monseigneur, repartis-je, puisque V. A. R. me fait l'honneur de m'interroger. Je ne crois pas que ce soit l'histoire de la révolte d'Ecosse dont elle me demande le récit, elle en est sans doute bien informée. Pour ce qui regarde la disposition présente des esprits, je ne vous cacherai pas, Monseigneur, que je la crois toute différente de ce qu'on s'imagine en France. Le prince prétendant a trouvé de la facilité à soulever l'Ecosse et quelques provinces d'Angleterre. Il aurait fait d'abord beaucoup d'avantage, si le courage ou l'adresse ne lui eût pas manqué ; mais, par sa faute ou par celle de son conseil, il a porté la guerre où il importait peu qu'elle fût, et il a négligé le seul endroit d'où dépendait tout le succès de son entreprise, je parle de la capitale. C'était là qu'il avait besoin d'un chef résolu pour mettre en mouvement cent mille braves jacobites, qui étaient prêts à répandre leur sang pour sa querelle. J'ai vu des effets surprenans de leur zèle, et je sais, par des informations certaines, que le nombre en était incroyable; mais leurs dispositions sont bien changées. Ils rejetteraient maintenaant le prince prétendant, si la maison d'Hanover lui cédait la couronne. J'ai vu ce changement, continuai-je, arriver par degrés. Ils furent indignés d'abord qu'il n'y eût point, parmi les partisans de ce prince, un homme de marque assez dévoué à son service pour oser s'introduire à Londres, et venir y tenter un soulèvement. Il apprirent bientôt après que, sur un petit avantage remporté en Ecosse, il s'amusait à se faire couronner dans une bicoque; et cela, sans s'expliquer sur la religion ni sur les priviléges, quoiqu'il eût fait espérer à cet égard les plus belles choses du monde dans ses manifestes. Cette nouvelle leur inspira tout à la fois du mépris et de la défiance. Comment leur affection se serait-elle soutenue pour un prince qui entendait si mal ses intérêts, et qui paraissait faire si peu d'attention à ceux de ses serviteurs ? Ajoutez à cela sa prompte retraite, ou plutôt sa fuite, tandis que tant de braves gens se sacrifiaient pour lui à Preston, et qu'il lui restait en Ecosse un corps d'armée considérable, dont il vint publier lui-même la liste en France et à Avignon. Toutes ces fautes de prudence ou de courage ont fait sur les Anglais une impression dont ils ne reviendront jamais : de sorte qu'il n'est pas vrai, Monseigneur, comme on se l'imagine ici, qu'il reste au prince prétendant un si grand nombre de partisans en Angleterre.

Pour ce qui concerne le parlement, S. A. R. doit se persuader que ses débats et ses divisions peuvent être quelquefois préjudiciables aux lois du pays, à l'Eglise, au commerce, à la tranquillité de la nation; mais qu'elles ne le seront jamais à sa sûreté. Je veux dire que le génie des Anglais est de se déchirer intérieurement, lorsqu'ils sont tranquilles au dehors, de se diviser en factions et en partis qui ne se ménagent point, et qui n'épargnent rien pour se supplanter; mais, à quelques excès qu'ils puissent porter leurs haines domestiques, il n'arrive jamais que leurs voisins en profitent. Ils ressemblent aux chiens de la fable : c'est toujours l'intérêt le plus pressant qui les détermine. Ils suspendent leurs animosités particulières, lorsqu'il est question de la sûreté publique. Ils se hâtent tous ensemble de se défaire de l'ennemi commun, pour se procurer la liberté de se battre entr'eux sans être interrompus.

M. le duc d'Orléans me répondit en souriant que des gens de ce caractère devaient être ménagés. Il est vrai, Monseigneur, continuai-je, que les Anglais sont de redoutables voisins; mais je suis trompé si leur amitié est aussi utile à la France, que leur haine lui peut être dangereuse. Ils sont en état de nous incommoder beaucoup, cela est sans contredit; mais de quel avantage nous est leur amitié? Nos vins, nos huiles et notre sel trouvent assez à se débiter sans eux. Ils les achètent même de nous beaucoup plus cher en temps de guerre. De notre côté, nous ne tirons rien de leur pays, à la réserve du tabac. Et qui nous empêche de le tirer directement, comme eux, de nos plantations d'Amérique? Les autres marchandises qui nous viennent d'Angleterre nuisent à nos manufactures, et ôtent le pain à nos ouvriers. S'il est donc vrai, comme le pense V. A. R., que les Anglais sont à ménager, c'est moins pour le bien que nous en tirons, que pour le mal qu'ils peuvent nous faire. J'ai pour principe, reprit le prince, que la haine ou l'amitié des Anglais n'est point une chose indifférente à la France; et pour peu qu'ils veuillent entendre raison, je n'épargnerai rien pour vivre en bonne intelligence avec eux. Je pris la hardiesse de lui dire que S. A. R. venait de leur en donner une preuve éclatante, en obligeant le prince prétendant de s'éloigner du royaume. J'ai fait, dit-il, jusqu'à présent pour ce malheureux prince beaucoup plus que je ne devais; mais puisqu'il use si mal de ses avantages, je n'ai plus rien à lui offrir que de la compassion. Je passai ainsi plus d'une heure à satisfaire aux diverses questions de ce prince. Ensuite M. l'abbé du Bois lui demanda s'il avait autre chose à m'ordonner : il lui répondit que non; mais qu'il lui conseillait de tirer de moi tous les éclaircissemens qu'il pourrait touchant l'Angleterre.

Nous nous retirâmes. M. l'abbé me pria de retourner avec lui à son appartement. Nous y eûmes une longue conférence sur les mœurs et les usages d'Angleterre. Je le trouvai homme d'esprit; mais sans autres lumières que celles que donne l'usage du monde. Il fallait qu'il fût très-peu savant pour me paraître tel, à moi qui n'ai jamais fait d'étude profonde et appliquée. Je remarquai deux choses dans sa conversation : l'une, qu'il lui échappait souvent de jurer le nom de Dieu d'une manière toute profane ; l'autre, qu'il n'était pas ennemi du beau sexe. Il me fit un grand nombre de questions sur la beauté des dames anglaises, avec une curiosité qui s'étendait jusqu'aux minuties. C'est dommage, M. l'abbé, lui dis-je un peu malicieusement, que vous soyez d'une condition qui vous exclut des faveurs de ces aimables dames. Il me répondit avec une naïveté qui me fit rire : Oh ! la condition n'y fait rien en Angleterre, puisque c'est l'usage que les ecclésiastiques y soient mariés. Il est vrai, repartis-je, qu'on doit se conformer aux coutumes du pays où l'on est. Il me fit l'honneur de m'inviter à souper. Je m'y trouvai en fort bonne compagnie. Toute la conversation roula sur les femmes. Je fus instruit, en trois ou quatre heures, de toutes les aventures amoureuses de Paris; mais je ne m'arrêterai point ici à les rapporter, n'ayant pas dessein de faire une chronique scandaleuse de ces Mémoires.

Ce qui me fut le plus agréable dans ce repas, fut d'apprendre que le prince don Manuel de Portugal était arrivé à Paris. Je m'informai de sa demeure : il s'était logé chez le comte de Ribeira, qui avait loué l'hôtel de Bretonvilliers. J'y allai le lendemain matin, pour rendre mes respects à ce prince. Je le trouvai qui descendait de son appartement pour monter en carrosse. Il me reconnut, et il eut la complaisance de retourner un moment dans sa chambre pour m'accorder l'honneur de l'entretenir. Il me demanda des nouvelles du marquis, et il parut fâché de ne le pas trouver à Paris. Je remarquai, à l'air content qui brillait dans ses yeux, que le souvenir de dona Clara de Bermudez ne l'occupait plus si fortement. Il ne m'en parla point : je n'eus garde de lui en renouveler la mémoire. Don Tellez de Sylva l'accompagnait toujours. Le comte de Ribeira donna, quelques jours après, une fête dont la magnificence fut admirée : ce fut à l'occasion de la naissance du prince don Carlos. S. A. R. lui fit l'honneur d'y assister avec madame la duchesse de Berry, tous les princes et tous les ministres étrangers. Don Tellez eut la bonté de m'y faire donner une place avantageuse. J'eus peine à reconnaître madame la duchesse de Berry, qui me parut grossie prodigieusement. Je l'avais vue cinq ou six ans auparavant, et j'avais admiré la délicatesse de sa taille et de ses traits. Une dame doit être extrêmement passionnée pour les plaisirs, lorsqu'elle les achète ainsi aux dépens de sa beauté et de ses agrémens. Ce ne fut pendant quelques jours que fêtes et divertissemens à Paris. M. le comte de Stairs, ambassadeur d'Angleterre, fit aussi un festin des plus splendides à l'occasion de l'anniversaire de la naissance du Roi son maître. Il donna presqu'en même temps deux bals fort extraordinaires : l'un au bois de Boulogne, à la clarté de la lune et d'une infinité de flambeaux ; l'autre de masques aux Champs-Elisées, vis-à-vis du jardin des Thuileries. Je n'étais point assez dans le goût des plaisirs pour assister à ces divertissemens. Je m'en procurai un plus conforme à mon âge et à mon humeur ; ce fut d'aller où l'on m'avait dit que le M... venait de se retirer pour y passer le reste de sa vie. Le monde, qui donne un tour empoisonné aux plus saintes actions, n'avait pas manqué d'interpréter mal les motifs de cette retraite.

On prétendait que c'était le chagrin de se voir négligé par le ministère qui avait inspiré cette haine du monde au M..., et le dépit qu'il avait eu de perdre quelques emplois. Il y a peu d'apparence, puisqu'il fut bien récompensé de la démission qu'il en avait donnée. Mais la meilleure preuve de la droiture de ses intentions, était la tranquillité qui paraissait sur son visage lorsque j'eus l'honneur de le saluer. Je n'avais point celui d'être connu de lui ; cependant nous liâmes une conversation de deux heures, où je me fortifiai plus que jamais dans le mépris du monde et dans l'inclination pour la retraite. Je me souviens qu'il me dit, entre mille choses, qu'il ne s'étonnait pas que la légèreté du premier âge et la chaleur des passions dérobassent pour quelque temps aux yeux des hommes la vue des vérités terribles de la religion; mais qu'un vieillard, continua-t-il, qu'un homme de mon âge ne revienne pas du désordre, et ne pense point aux intérêts d'une autre vie, c'est ce que je regarde comme le dernier excès de folie et d'aveuglement. Il me disait encore : Considérons les choses dans le sens le plus favorable au vice. Je suppose l'éternité incertaine, je la suppose même contradictoire et impossible ; mais je n'ai pas la moindre raison de croire que cette vie ne sera pas suivie d'une autre, où je me trouverai bientôt sans pouvoir m'en défendre, comme je me suis trouvé dans celle-ci sans y avoir contribué; quand ce serait une vie courte, périssable, semblable à celle-ci, je suis à la veille d'y entrer. Je suis convaincu, par l'exemple de six mille ans, que ma translation est très-prochaine. Serais-je sensé de ne pas employer le peu de momens qui me restent à y penser ? Je me compare à un homme qui est prêt à changer de maison, et qui s'occupe volontiers à démeubler celle qu'il quitte, pour s'en préparer une nouvelle. Ainsi, ajouta le M..., loin de me repentir de ma retraite, je crains seulement qu'elle ne soit trop l'effet de ma raison, et que la religion n'y ait moins de part que de simples vues d'amour propre qui veille à son bien-être dans un avenir obscur et inconnu. Le M.... me pria, en finissant notre entretien, de lui faire connaître qui j'étais. Je lui répondis que je ne méritais point cette obligeante curiosité, et que ce que j'avais de plus estimable était une grande ressemblance de mes sentimens avec les siens. Je revins à l'hôtel de M. le duc de...., où j'avais pris mon logement par son ordre. Le portier m'apprit qu'il était arrivé depuis une heure ou deux. J'allai le saluer à l'instant, et lui faire le récit de ce qui s'était passé au Palais-Royal. Il me demanda si j'avais dessein de demeurer long-temps à Paris ;

comme je n'avais plus rien qui dût m'y retenir, je lui répondis que je comptais de partir le lendemain, si ses ordres ne m'arrêtaient pas plus long-temps. Il me dit que loin de m'arrêter, sa pensée était de me prier d'aller joindre le marquis, qui s'ennuyait sans doute à la campagne, et de lui tenir compagnie pendant huit jours, au bout desquels il retournerait lui-même en province. Je pris le lendemain le chemin de ses terres. J'arrivai le soir en poste, me faisant un plaisir de surprendre agréablement le marquis ; mais je fus fort étonné de ne l'y pas trouver.

On me dit qu'un moment après le départ de M. le duc, il s'était fait seller un cheval, et que, sans autre suite que Brissant, il était disparu, et n'avait instruit personne du dessein de son voyage. Je conjecturai aussitôt la vérité. Je repris la poste de grand matin, et je me rendis avec diligence chez ma fille, où je ne doutais presque point de le trouver. Il y était effectivement. Sa rougeur, en m'apercevant, me fit juger qu'il ne m'attendait pas si tôt. Il vint pourtant m'embrasser, et, pour prévenir mes reproches, il m'avoua qu'il craignait d'avoir fait une faute, en partant de chez lui sans en avoir donné avis à M. son père ou à moi ; mais qu'étant chez ma fille, il ne lui semblait pas qu'il eût changé de maison, puisque ma famille lui était aussi chère que la sienne. Le mal étant sans remède, j'affectai de lui marquer beaucoup de joie de le voir. Je ne fis pas même semblant, toute la soirée, de remarquer son empressement pour Nadine. Il badina ingénieusement sur l'ignorance où il prétendait avoir été de son sexe ; et il se plaignit de moi pour l'avoir tenu si long-temps dans cette erreur. J'aidai moi-même à son badinage, et je m'imagine qu'il se retira fort content de moi et de lui-même. Je pris ma fille en particulier, pour l'entretenir de cet accident, qui dérangeait toutes nos vues. Elle me confessa qu'il lui paraissait d'autant plus embarrassant, que la passion du marquis semblait s'être accrue depuis qu'il avait vu Nadine dans les habits de son sexe. J'ai observé tous leurs mouvemens, me dit ma fille. Elle a paru le regarder froidement à son arrivée; mais il a trouvé, malgré mes soins, le moyen de l'entretenir en particulier, et je remarque que depuis ce temps-là ils ont la même ardeur pour se voir et pour se parler. Je crois, ajouta-t-elle, que le temps de mettre votre nièce dans un couvent est arrivé. Il faut seulement que vous preniez le soin d'éloigner le marquis. Je lui promis que dans six jours il serait avec M. le duc, qui devait retourner dans ses terres. Avant que de me coucher je fis appeler Brissant. Je lui demandai de quel tour il s'était servi pour cacher à son maître l'interception de sa lettre. Il me dit qu'à l'aide de quelques mensonges, il s'était tiré adroitement d'affaire; qu'il avait fait croire au marquis que sa poche s'était percée en frottant le long de la selle, et qu'il l'avait si bien persuadé que non-seulement il avait perdu la lettre, mais quantité d'autres choses précieuses avec elle, qu'il en avait obtenu deux louis d'or pour se consoler de sa perte. Je lui fis des reproches de ce qu'un homme d'esprit comme lui avait eu besoin de recourir au mensonge pour une bagatelle. Hélas! Monsieur, me répondit cet effronté, vous ne savez pas que dans notre condition nous sommes obligés de mentir souvent. C'est la seule chose d'importance que nous soyons capables de faire pour le service de nos maîtres. Je me mis au lit; mais il me fut impossible de reposer un moment. Je fus surpris de me sentir dans une si mauvaise disposition. Je ne voyais rien qui dût absolument me troubler jusqu'à l'insomnie; il me semblait au contraire que depuis un certain temps je n'avais eu nul sujet de me plaindre de la fortune: je la croyais réconciliée avec moi, surtout depuis mon retour d'Angleterre. Cependant ni ma lassitude, ni cette réflexion ne me purent procurer un moment de sommeil. O Ciel! m'écriai-je en me levant, suis-je menacé de quelque nouveau malheur; je me souviens que c'est la voie que vous avez toujours prise pour m'en avertir. Epargnez ma fille et le marquis ; et si vous me préparez quelque nouvelle épreuve, donnez-moi la force de la supporter. Il était tard lorsque je sortis du lit. Je ne quittai ma chambre qu'à l'heure du dîner. Je trouvai dans la salle cinq ou six gentilshommes voisins qui étaient venus voir mon gendre, et qu'il avait retenus à dîner. On s'entretint avec honnêteté, et l'après-midi l'on s'occupa diversement, comme on fait à la campagne pour éviter l'ennui. Parmi les six étrangers, il y en avait deux qui étaient du même âge que le marquis, et qui paraissaient, à leurs manières, être aussi pleins de vivacité que lui : c'étaient les mêmes d'ont j'ai parlé plus haut. Tous deux avaient conçu une vive passion pour ma nièce Nadine. Ils avaient laissé passer peu de jours, pendant mon voyage de Paris, sans lui en donner des marques ; et quoiqu'ils fussent rivaux, ils gardaient assez bien les dehors pour faire croire qu'ils étaient amis. La vue du marquis et son attachement continuel auprès d'elle leur fit naître des sentimens moins pacifiques. Ils connaissaient néanmoins son nom et sa qualité ; mais l'amour ne respecte rien, et la plupart des gentilshommes de campagne sont d'ailleurs si fiers dans leur province, qu'ils ne s'y croyent inférieurs à personne. Lorsqu'ils se furent donc aperçus que non-seulement le marquis était sans cesse auprès de Nadine, mais qu'elle n'avait d'attention que pour lui, ils prirent ensemble la brutale résolution de le mortifier, par quelques insultes, aux yeux mêmes de ma nièce. L'occasion s'en présenta dans le jardin, où ils l'attirèrent insensiblement avec elle. Ils lui dirent à brûle-pourpoint quelques parole outrageantes où il n'entrait ni sel ni bon sens. Vif comme était le marquis, il y aurait eu sur-le-champ du carnage, s'ils avaient eu leurs épées : elles étaient demeurées dans la salle. Il se contenta de leur répondre qu'ils étaient des brutaux à traiter à coups de bâton, et sans en paraître plus ému, il nous ramena Nadine à l'autre côté du jardin. Il la pria, en marchant, de ne rien découvrir de ce qu'elle venait d'entendre. Elle lui promit tout ce qu'il voulut, parce qu'ignorant nos manières, elle ne prévoyait pas les suites de cette querelle. Le marquis s'étant promené encore quelques minutes avec nous, nous quitta sans affectation : il rejoignit les deux gentilshommes qui étaient retournés à la salle, et leur ayant déclaré qu'il fallait se battre, ils convinrent ensemble du temps et du lieu. Il leur promit d'avoir un second. On aura peine à croire sur qui il jeta les yeux pour cela. Ce fut sur Brissant, dont le lecteur peut se souvenir qu'il avait éprouvé le courage en Espagne. Brissant ne démentit point l'idée que son maître avait de lui. Je dois avertir qu'il ne portait point la livrée. Le marquis avait eu cette considération pour lui, parce qu'il était d'une honnête famille. Ils se rendirent au lieu du combat vers les sept heures du soir. Ils furent assez heureux, si ces funestes accidens peuvent porter le nom de bonheur, pour tuer chacun leur homme. Le marquis ne reçut point de blessure. Brissant eut la cuisse percée d'outre en outre. J'étais appuyé sur une fenêtre qui donnait sur la cour, et bien éloigné sans doute de rien soupçonner de cette tragédie, lorsque je les aperçus de loin qui s'avançaient lentement l'un auprès de l'autre. Le marquis avait le bras passé sous celui de Brissant, pour l'aider à marcher. Une situation si familière me déplaisait, et je me proposais bien de lui en faire un reproche. Ils entrèrent dans la cour : l'air pâle de Brissant, quelques traces de sang que j'aperçus sur ses bas, et la posture du marquis, qui était toujours la même, me firent naître des idées fâcheuses. Enfin je fus tristement éclairci par le discours du marquis, qui me tira en particulier pour me raconter son aventure. Je ne pouvais presque me la persuader. Je lui en fis répéter les circonstances, et ma surprise augmentait chaque fois. Ce n'était point une affaire à cacher dans la famille. Nous tînmes conseil en commun sur la conduite qu'il nous fallait tenir. Voici le parti auquel il me parut que nous devions nous arrêter. J'envoyai quérir le bailli du lieu, et, sur la déposition du marquis et le témoignage de Nadine, nous lui fîmes faire un écrit que nous signâmes tous, pour attester les circonstances du fait. Il y paraissait manifestement que le marquis n'était point l'agresseur, qu'il avait été insulté sans raison avec la dernière brutalité, et que la vengeance avait été tirée sur-le-champ. En effet la distance n'avait pas été assez grande entre l'insulte et le combat, pour rendre cette funeste altercation criminelle. Je fis partir sur-le-champ Scoti en poste avec une lettre pour M. le duc, où je renfermai cet écrit, et dans laquelle je m'expliquais encore plus exactement. Je ne doutai point que le crédit de M. le duc, joint aux témoignages que je lui envoyais en faveur du marquis, n'assoupît tout d'un coup cette affaire. Cependant, pour ne rien négliger, je partis le soir même avec le marquis, et je pris le chemin de la Chartreuse où mon père était mort. Je choisis cet asile, parce que l'endroit est écarté, et si proche de la frontière, que nous pouvions sortir du royaume en moins d'une heure ; outre que j'étais assuré d'y être reçu avec tous les égards possibles, et d'y pouvoir demeurer long-temps sans que le marquis fût exposé à être reconnu. Je n'avais communiqué le lieu de notre retraite qu'à mon gendre, à ma fille et à Scoti.

Nous arrivâmes sans obstacle à la Chartreuse : le père prieur et tous les religieux furent charmés de me revoir. Je ne leur découvris point notre embarras, je leur dis seulement que nous passerions quelques jours avec eux, et que, pour ne pas troubler leurs pieux exercices, nous vivrions comme eux dans la solitude et dans la paix. La vue de cette sombre retraite où mon cher père avait expiré dans la pénitence, réveilla toutes les idées de mon premier âge. Je menai le marquis sur sa tombe, et je ne craignis point de lui laisser voir que ce spectacle me touchait encore assez pour me faire verser des larmes. Il fut attendri de ma douleur jusqu'à en répandre lui-même. Je m'aperçus qu'il s'efforçait pour les cacher. N'ayez point de honte, lui dis-je, de ces marques de tendresse et de compassion : elles font honneur à votre bon naturel. Les cœurs durs et cruels ne sentent point de douceur à pleurer : des larmes répandues avec bienséance et avec modération sont la preuve d'un caractère sensible et généreux : elles ne déshonorent jamais. Il me demanda par quelle raison mon père avait pu choisir un genre de vie aussi extraordinaire que celui de chartreux, je lui promis de lui raconter toute l'histoire de ma vie, dont il n'avait jamais entendu qu'un petit nombre de circonstances détachées. J'exécutai ma promesse quelques jours après ; et ce récit le toucha si vivement, qu'il fondit en larmes en plusieurs endroits de ma narration. Je lui dis en finissant : Voilà, mon cher marquis, ce que vous désiriez d'entendre ; croyez-vous maintenant votre curiosité bien payée ? Il me répondit avec une ardeur et une tendresse que je n'oublierai jamais : M. de Renoncourt, mon cher père, je vous ai chéri jusqu'à présent par inclination, et parce que je ne pouvais manquer, sans une extrême ingratitude, d'avoir ce retour pour vos bontés et pour vos soins; mais j'ai le cœur si pénétré de tendresse et d'admiration par votre récit, que votre père ni votre épouse n'ont jamais eu pour vous plus d'affection que moi, et je prie le Ciel de ne m'être propice qu'autant que je conserverai toute ma vie ce sentiment. Je l'assurai qu'il aurait peine à m'accorder tant d'amitié, qu'elle pût surpasser celle que j'avais pour lui. C'est de quoi je suis trop persuadé, répondit-il en m'embrassant, et c'est ce qui doit servir encore d'un nouvel aiguillon à la mienne. Je pris ce moment d'ouverture et d'effusion de cœur pour lui parler de la chaleur inconsidérée avec laquelle il s'était engagé dans une démarche aussi criminelle et aussi dangereuse que l'est un duel. Je ne lui en avais pas fait encore le moindre reproche, n'ayant pas voulu d'abord augmenter le trouble que cette action avait dû lui causer. Il ne manqua point de raisons pour l'excuser, et dans le fond j'étais embarrassé moi-même à lui prouver qu'il eût eu tort. Cependant je lui représentai vivement l'énormité d'un combat si sanglant, et je le fis convenir du moins qu'il aurait dû m'avertir de sa querelle, pour chercher ensemble tous les tempéramens que l'honneur aurait pu permettre, avant que d'en venir aux remèdes extrêmes.

Le retour de Scoti nous fit sortir bientôt d'inquiétude. Il revint, le sixième jour après notre arrivée à la Chartreuse, avec une lettre de M. le duc, qui nous marquait que nous pouvions reparaître sans crainte. Nous ne tardâmes point à quitter notre retraite. Le marquis s'attendait que nous retournerions à la terre de ma fille. Je lui dis qu'il ne fallait plus penser à se faire voir dans un lieu où sa vie ne serait peut-être pas en sûreté ; qu'il était à craindre que les parens des malheureux qui avaient péri par sa main ne conservassent d'autant plus de ressentiment, qu'ils perdaient l'espérance d'être satisfaits par les voies ordinaires, et que si son honneur semblait justifier le premier péril auquel il s'était exposé, la sagesse et la religion devaient lui en faire éviter de nouveaux. Je lui fis prendre presque malgré lui le chemin des terres de M. le duc. La tristesse où il fut plongé continuellement pendant la route, me fit juger de ce qui se passait dans son cœur. C'était l'absence de Nadine qui le tourmentait, et la crainte de ne jamais la revoir, s'il ne lui était plus permis de paraître dans la terre de ma fille. Ma nièce n'avait pas manqué de lui apprendre que son père la laisserait en France : je ne sais quelles espérances il fondait là-dessus ; mais il me demanda, le premier soir après nous être mis en chemin, si c'était une chose bien sûre qu'Amulem consentît à nous laisser sa fille. Comme j'affectais d'ignorer sa passion pour elle, je lui répondis naturellement que c'était une affaire résolue, et que je m'imaginais qu'il n'en était pas fâché, lui qui avait eu tant d'amitié pour elle lorsqu'il la croyait Memiscès. Je fis une faute considérable en lui donnant cette occasion de me déclarer ses sentimens; car soit qu'il trouvât quelque chose qui flattait sa passion dans la manière dont je m'étais exprimé, soit qu'il cherchât de longue main un moment favorable pour me la découvrir, je n'eus pas achevé de parler, qu'il reprit ainsi la parole : Il n'est que trop vrai que j'ai conçu la plus violente affection pour votre nièce, tandis que je ne la prenais que pour Memiscès; mais croyez-vous, me dit-il en me regardant tristement, qu'elle soit éteinte depuis que j'ai connu son sexe ? Je crois, lui répondis-je, que l'amitié que vous avez pour moi s'étend jusqu'à ma nièce, et je vous remercie de cette bonté, qui fait beaucoup d'honneur à ma famille. Une petite fille turque, continuai-je pour lui ôter l'envie de s'expliquer d'avantage, qui va se trouver privée de son père, et qui perdrait tout si elle venait à me perdre, sera peut-être un jour fort heureuse d'avoir la protection d'un homme tel que vous. Je pense, ajoutai-je, à la faire entrer à Saint-Cyr : ce serait une fortune pour elle d'y obtenir une place pour toute sa vie. Mon dessein est d'employer pour cela le crédit et la bonté de M. le duc, et je me flatte que vous voudrez bien intercéder pour cette pauvre petite étrangère. Mon discours l'embarrassa quelques momens. Il poussa un profond soupir : Ah ! Monsieur, me dit-il, que je suis malheureux si vous faites semblant de ne pas m'entendre ! Pourquoi ne voulez-vous pas reconnaître que j'aime éperduement votre charmante nièce, et que, du caractère dont je suis, il est impossible que je cesse jamais de l'aimer ! Ce n'est pas une passion née d'aujourd'hui, ce n'est point un emportement de jeunesse tel que ceux dont j'ai peut-être été capable par le passé ; je sens que c'est la plus importante et la plus sérieuse affaire de ma vie. Vous savez bien vous-même qu'après l'affaire de dona Diana, je ne songeais guère à prendre de nouveaux engagemens. J'aurais juré que l'amour ne me serait jamais rien : cependant, vous pouvez vous souvenir que j'ai aimé votre nièce sans le vouloir, et bien long-temps avant que de la connaître. Comment puis-je expliquer cela, sinon comme un coup du Ciel qui veut que je m'attache à elle pour toute ma vie ? Serai-je le seul homme du monde qu'on obligera toujours de faire violence à son cœur, et de renoncer à toutes ses affections ! Pourquoi condamneriez-vous une inclination que je n'ai pas cherché à faire naître, qui n'offense personne, et qui s'accorde avec le plus sévère devoir ? Ne m'avez-vous pas dit mille fois que l'amour n'est point une passion criminelle, quand il est réglé par l'honneur et par la vertu ? Vous ne me répondez rien, continua-t-il : dites-moi du moins si je me trompe, ou si c'est vous qui m'avez trompé.

Mon attention était partagée, pendant le discours du marquis, entre le soin de l'écouter et celui de lui préparer ma réponse; son esprit s'était si formé dans nos voyages, que je crus devoir m'expliquer avec lui comme j'aurais fait avec une personne d'un âge plus avancé. Je lui répondis donc tranquillement, que loin de l'avoir trompé, je pouvais l'assurer qu'il ne s'égarerait jamais en suivant les maximes que j'avais tâché de lui inspirer ; que pour ce qui regardait l'amour en particulier, il avait raison de croire que l'honneur et la vertu n'en produisent jamais de criminel ; qu'il ne devait donc point craindre mes reproches, s'il avait suivi deux si bons guides, et qu'il n'en avait point à se faire à lui-même ; mais que, pour reconnaître s'il ne se trompait pas, il fallait avoir recours à l'examen de la raison. Vous aimez ma nièce, lui dis-je, et tous les sentimens de votre passion sont honnêtes et vertueux : cela est dans l'ordre ; mais vous supposez que l'honneur et la vertu vous ont permis de vous livrer à cet amour, et c'est ce qui avait d'abord besoin de preuve. Vous ressemblez à un homme qui ferait un usage honnête du bien d'autrui : il ne serait pas précisément coupable pour cette honnêteté avec laquelle il saurait en user ; mais pour avoir pris injustement le droit d'en faire usage. Quelque innocence que vous supposiez dans votre passion pour ma nièce, quelles ont pu être vos vues en prenant ces sentimens pour elle? Est-ce seulement de l'aimer, comme vous dites, avec honneur et avec vertu? Si cela est possible, à la bonne heure, j'y consens, Nadine sera trop honorée de votre affection : mais si vous n'ignorez pas vous-même qu'un amour si métaphysique est une chimère, que ne convenez-vous qu'il est impossible que vous vous arrêtiez dans ces bornes! Cependant je ne vois que des précipices de tous côtés, si vous en sortez. Le moins dangereux pour vous sera peut-être la honte de ma nièce : c'est à vous de voir si vous me préparez cette triste récompense pour tous les soins que j'ai pris de votre jeunesse, et pour la tendre amitié qui m'attache à vous si sincèrement. Reconnaissez donc, mon cher marquis, que si vous avez bien retenu mes principes, vous en faites mal l'application. Il n'y a rien de vicieux aujourd'hui dans vos sentimens, je l'accorde; mais comme vous avez dû prévoir qu'ils le deviendront un jour nécessairement, l'honneur même et la vertu, sur lesquels vous vous retranchez si fort, étaient ce qui devait vous les faire éteindre, ou vous empêcher de les laisser naître. Que pouvez-vous opposer à des raisons si fortes?

Une seule réponse, me dit-il, qui les détruit toutes. C'est que bien loin de prétendre m'arrêter à cette chimère que vous appelez un amour métaphysique, je me propose d'épouser votre nièce, si vous y consentez. C'est ce que j'ai eu dessein de vous faire comprendre par les termes de vertu et d'honneur dont je vous ai dit que toutes mes vues sont remplies. Si vous étiez encore un enfant, répliquai-je, je vous pardonnerais un désir si plein d'indiscrétion; mais je vous avoue que je ne le comprends pas à votre âge, et que j'en suis même irrité. Je serais au désespoir que M. le duc sût jamais que vous m'avez fait une telle proposition, et que je l'ai écoutée avec tant de patience. Non, non, Monsieur, continuai-je en me levant de ma chaise avec quelque émotion, n'espérez pas de me mettre de moitié avec vous dans vos petits désordres ; vous avez jusqu'ici mal connu mes principes. Je périrais plutôt que de trahir en quoique ce soit la confiance de M. votre père. Savez-vous de quoi vous allez être cause ? Je me priverai, pour vous rendre plus sage, de la satisfaction de voir ma nièce, en la renvoyant en Asie avec son père. Je n'avais jamais parlé au marquis d'une manière si vive. L'impression que mon discours fit sur lui, jointe au mauvais succès de son amour et à la crainte de perdre Nadine, lui causa un chagrin si violent, qu'il en répandit des larmes. Il s'appuya sur la table en cachant ses yeux de son mouchoir. J'affectai plus de dureté que je n'en avais, pour ne lui laisser aucune espérance de me trouver jamais la moindre facilité pour ses desseins. Je me retirai, en l'exhortant à prendre un peu plus de pouvoir sur lui-même, et à tirer quelque fruit de son expérience et de ses aventures passées.

M. le duc n'était point encore dans ses

terres lorsque nous y arrivâmes. Il y vint deux ou trois jours après. Je remarquai que loin d'être mécontent du combat du marquis, il avait de la joie qu'il eût eu cette occasion de faire connaître son courage et sa fermeté avant que d'avoir paru dans le monde. Comme je lui marquais le chagrin que j'avais ressenti de n'avoir pu prévenir cette querelle, il me dit : J'avoue que les rencontres fâcheuses doivent toujours être évitées ; mais ce n'est point absolument un mal pour un jeune homme, quand il s'en est tiré heureusement. Il me parut qu'il en embrassait le marquis avec plus de tendresse. Lui ayant entendu dire qu'il passerait un mois ou six semaines dans la province, je le priai de trouver bon que je retournasse pour quelque temps chez ma fille. J'arrêtai de nouveau avec lui notre départ pour l'Allemagne. L'automne n'était pas encore commencée. Nous pouvions nous rendre à Vienne avant l'hiver, et le passer dans cette ville. Amulem avait le même dessein ; je comptais toujours d'entreprendre ce voyage avec lui. Le jour que je quittai M. le duc, le marquis vint le matin dans ma chambre. Il me pria d'un air timide de ne pas exécuter la menace que je lui avais faite de renvoyer Nadine en Turquie. Je lui dis que c'était à moi-même à le prier de ne pas m'y contraindre; que ma nièce m'étant extrêmement chère, je ne me priverais pas volontiers d'elle; mais que j'avais aussi tant d'amitié pour lui, qu'il n'y avait rien que je ne sacrifiasse pour le retenir dans son devoir, et pour assurer le fruit de mes instructions. Il me promit tout ce que je lui demandai, à la réserve de cesser d'aimer Nadine. Je ne prévoyais pas, en retournant tranquillement chez ma fille, que j'allais y trouver de nouvelles peines. La première nouvelle qu'on m'apprit à mon arrivée, fut la mort de milord R...., dont son épouse avait été informée deux jours auparavant par des lettres particulières de Londres. J'allai saluer cette dame, et lui faire des complimens sur sa perte. Il était naturel de juger que je ne la trouvérais pas dans une extrême affliction; je me figurais même qu'elle aurait besoin de tous les motifs de la bienséance pour dissimuler sa joie. Cependant je lui trouvai toutes les marques d'une profonde tristesse. J'étais seul avec elle, et dans le dessein de n'y pas être long-temps; car j'évitais toujours de la voir tête à tête: l'expérience que j'avais eue de ma faiblesse me tenait en garde contre moi-même. Je ne sais comment je puis faire ces sortes d'aveux sans rougir. Après quelques momens de conversation, j'étais prêt à sortir de sa chambre, et je m'étais déjà levé pour cela: elle me pria de me remettre sur ma chaise. Je veux apprendre de votre bouche, me dit-elle, une vérité qui importe à mon repos. Vous savez dans quelle vue j'acceptai la retraite que vous m'offrîtes chez madame votre fille, et ce qui m'y a retenu si long-temps. Comme mes promesses ont été sincères, j'ai cru que votre consentement l'était aussi. Cependant, aujourd'hui que nous sommes libres d'exécuter nos engagemens, et que je me réjouissais de cette liberté comme d'une chose qui vous serait aussi agréable qu'à moi, j'apprends de madame votre fille que vous êtes absolument changé à mon égard, et qu'il ne vous reste plus le moindre sentiment d'estime pour moi. De grâce, Monsieur, apprenez-moi donc ce qui me l'a fait perdre, et par où je vous suis devenuem éprisable. Ce discours me parut si peu intelligible, que je ne sus d'abord ce que je devais penser de la situation de son esprit. Elle prit sans doute mon silence et mon étonnement pour une confirmation de ce mépris prétendu qu'elle me reprochait. J'en jugeai par le désordre que j'aperçus sur son visage et dans ses yeux, et plus encore par la suite de ses paroles. Elle me dit mille choses piquantes sur mon ingratitude, sur ma lâcheté, sur ma perfidie, et sur mon âge même, qu'elle n'eut garde d'oublier. Elle fondait en larmes. Cette scène, à laquelle je m'attendais si peu, me mit moi-même dans un désordre incroyable. Ayant enfin retrouvé la force de m'exprimer, je lui demandai, avec toute la douceur dont je fus capable, ce qui avait pu causer son émotion, et pourquoi elle me traitait si mal, sans m'avoir fait connaître en quoi j'avais eu le malheur de l'offenser. Peut-être que cette question l'aurait encore irritée davantage, si je n'eusse repris la parole aussitôt, pour lui protester que je ne me sentais coupable de rien ; que mon estime pour elle n'avait jamais reçu d'altération, et que je ne lui avais jamais fait de promesses que je ne fusse disposé à tenir, aux dépens de ce que j'avais de plus cher.

Elle parut un peu remise par ses assurances. Ecoutez, Monsieur, me dit-elle, je ne veux point être trompée. N'est-il pas vrai que vos sentimens pour moi ne sont pas tels que vous m'aviez donné lieu de le croire, et que je me suis flattée de les mériter ? Je ne vous dis rien que je ne tienne de la marquise votre fille, et la marquise m'a assurée qu'elle le tient de vous-même. Comme tout ce discours me paraissait encore plein d'obscurités, je me bornai à cette réponse générale, qu'il n'y avait assurément personne au monde qui eût pour elle plus d'estime et de sincère attachement que moi; et que loin que mes sentimens eussent changé, je ne la voyais jamais sans m'y affermir et même sans les redoubler. Je lui demandai ensuite la liberté de sortir un moment, pour m'éclaircir avec ma fille de ce qui avait pu donner lieu à un mal-entendu si désagréable.

Effectivement, j'avais la dernière impatience d'entretenir ma fille. J'allai la trouver sur-le-champ, et je lui fis d'abord des reproches qu'elle ne comprit pas plus que je n'avais fait ceux de miladi. Entendons-nous, me dit-elle. De quoi est-il question? Je lui expliquai ce qui venait de m'arriver. Elle m'apprit à son tour que miladi l'était venue trouver après avoir reçu la nouvelle de la mort de son époux, et qu'elle l'avait priée de rendre grâces au Ciel avec elle de l'avoir délivrée du plus cruel de ses ennemis; que j'étais devenu ensuite le sujet de leur conversation; que miladi lui avait déclaré qu'elle était prête à me donner la main, et qu'elle s'imaginait que j'aurais beaucoup d'empressement pour recevoir d'elle cet honneur. Je lui répondis, continua ma fille, que vous seriez sans doute infiniment sensible à sa bonté; mais que connaissant votre goût pour la retraite, je doutais que vous reprissiez aisément les liens du mariage. Elle me pressa de lui expliquer plus clairement ce que je savais de vos intentions. Je ne fis pas difficulté de lui dire que je vous avais sondé nouvellement, et que vous m'aviez écouté si peu volontiers, que j'avais été contrainte de vous faire des excuses et de vous appaiser par des soumissions. Elle ne répartit rien à ce discours, ajouta ma fille, et je l'ai vue triste et sombre depuis ce moment-là, sans qu'elle m'ait voulu découvrir ce qui met ce changement dans son humeur.

Je vis clair aussitôt dans ce qui s'était passé, je ne doutai point que miladi ne se tînt offensée de cette espèce de refus qu'elle s'imaginait que ma fille lui avait fait de ma part, et peut-être par mon ordre. Je conçus aussi ce qu'elle avait voulu dire en me parlant de promesses; mais je ne comprenais pas encore ce qu'elle entendait par mon consentement et par nos engagemens; car elle avait employé ces deux termes dans ses reproches. Je me souvenais parfaitement qu'à son départ de Londres, elle s'était engagée à m'épouser lorsqu'elle le pourrait, et que j'y voudrais consentir. Je ne lui avais répondu que par mon silence. Je ne voyais point que cela dût porter le nom d'un engagement. Je fis mes réflexions sur la conduite que je tiendrais avec elle. Ma fille, qui souhaitait en secret ce mariage, m'insinuait adroitement toutes les raisons qu'elle croyait propres à m'ébranler; mon faible cœur se mettait aussi de la partie. Il y avait même des momens où je me trouvais ridicule de résister aux avances d'une dame charmante, qui me marquait tant de tendresse; car je pouvais me persuader avec raison qu'elle était sincère. A quoi aurais-je attribué son empressement, si ce n'était à l'amour, et à un amour assez fort pour dérober à ses yeux ma vieillesse et le mauvais état de ma fortune? Son ressentiment même et ses reproches me paraissaient avoir quelque chose de flatteur et d'obligeant pour moi. Je vis l'instant que cette seule pensée d'être aimé à mon âge par une femme si aimable, allait faire pancher la balance, et renverser les résolutions de trente ans. Mais serai-je aimé, reprenais-je bientôt, comme je l'ai été par Selima? Retrouverai-je ces ardeurs, ces transports, ces délicatesses inexprimables? Un cœur accoutumé à cette façon d'aimer si particulière à ma chère épouse, est-il propre à lier commerce avec un autre cœur? entendrait-il le langage d'un autre, et ferait-il entendre le sien? Je ne saurais désavouer que mes irrésolutions durèrent long-temps. Je revis milidi R... sans avoir pris de parti arrêté. Elle voulut néanmoins s'assurer de mes dispositions, et elle me pressa souvent d'une manière embarrassante. Je suis trompé même si elle n'agissait de concert avec ma fille, qui me renouvelait à tous momens ses instances et ses raisonnemens séduisans. Amulem augmenta même la persécution; ma fille le mit dans le secret de cette affaire : il employa quantité d'argumens turcs pour me convaincre qu'il n'y a point de bonheur sans femme, aussi bien dans ce monde-ci que dans l'autre. Peut-être aurais-je enfin cédé à tant d'attaques, si le Ciel ne m'eût secouru par un événement qui me fit r'ouvrir les yeux sur mon devoir, et qui m'inspira assez de force pour le remplir.

Ce fut la mort presque subite du pauvre Scoti. Ce fidèle valet m'avait servi pendant quarante-huit ans, si l'on en excepte quelques années que j'avais passées en Turquie dans l'esclavage. J'aurais peine à décider qui l'emportait, ou moi par la confiance et les égards que j'avais pour lui, ou par lui son zèle, son respect et son inviolable attachement pour moi. Il se vantait à tout instant de mes bontés : jamais valet, disait-il, n'avait eu un meilleur maître; je lui dois cette justice aussi, que jamais on ne fut servi par un meilleur valet. Il mourut d'une maladie extraordinaire pour un homme de son âge; ce fut une pleuresie qu'il avait gagnée en s'échauffant trop à la chasse, et qui le mit en trois jours au tombeau. Je le vis expirer. Ces spectacles ont toujours quelque chose d'attendrissant pour un bon naturel; mais après avoir donné quelques larmes à sa mort, ma compassion se tourna sur moi-même. Je fis réflexion combien je touchais de près au même terme; et m'étant trouvé à ses funérailles, je considérai sa fosse comme si elle eût été ouverte pour moi-même. Je l'examinai avec une triste et lugubre curiosité. Mes yeux ne pouvaient se détacher de ce funeste objet. Je ne retournai point au logis en sortant de l'église; je résolus de démêler une multitude de pensées sombres et confuses dont je me sentais l'esprit comme assiégé. Je m'enfonçai dans le bois qui est auprès de la maison de ma fille.

Là je jetai les yeux sur cette longue et

malheureuse suite d'annés qui s'étaient écoulées pour moi depuis le temps que le pauvre Scoti était entré à mon service, c'est-à-dire depuis mon enfance. Dans quelque partie de cette vaste carrière que je portasse mes regards, j'y apercevais des vestiges d'infortune et de douleur. A peine y pouvais-je compter quelques momens de plaisir; et, parmi ces courts et légers instants, je n'en voyais aucun qui n'eût été suivi par d'innombrables amertumes. Je m'étais vu enlever successivement par la mort ou par la fortune tout ce qu'on appelle objets d'estime, de tendresse et d'attachement. Les remèdes même de mes pertes s'étaient changés en poison; et le seul que j'avais cru infaillible, et dont j'avais heureusement commencé à sentir l'effet (je parle de ma retraite et de mon éloignement du monde), je m'en étais privé par un excès de molle complaisance, dont j'étais puni bien rigoureusement par le renouvellement de toutes mes peines. Mais ce qui m'humiliait le plus, était de voir revivre mes faiblesses avec mes malheurs. Souffrir, perdre, être agité continuellement et privé de la joie et du repos, c'était le crime de la fortune; mais me laisser vaincre par l'amour, à l'âge de soixante ans, être encore la proie d'une honteuse flamme et le jouet de toutes les passions de mon cœur, c'était mon propre crime et le sujet d'une éternelle confusion. Voyons du moins qu'elles sont mes excuses, disais-je en moi-même; cherchons des prétextes qui puissent diminuer ma honte. Hélas! j'en cherche inutilement. Le monde, la religion, la nature, ma propre raison ne me condamnent-ils pas? Que je sorte pour un moment de moi-même, et que je considère ce corps appesanti par l'âge, ce cœur épuisé de sang et d'esprit, ces cheveux gris dont la couleur tient déjà de celle de la cendre; en un mot, tout ce composé dont le sang et la couleur se retirent peu à peu, cette machine chancelante qui cesse par degrés d'être animée; quels autres mouvemens cette vue pourra-t-elle m'inspirer, que ceux de la pitié, et peut-être du mépris pour moi-même? J'admirerai sans doute ma folle vanité de me croire encore aimable; je rirai de mes ridicules désirs. Combien doivent-ils paraître plus monstrueux à d'autres yeux que les miens? Non, non, continuai-je, je n'en croirai ni miladi R... ni ma fille : l'une est aveuglée par l'amitié, et l'autre par la reconnaissance. C'est ma raison qui doit être mon juge. Je suis heureux de l'avoir encore assez saine pour apercevoir le précipice au bord duquel je me suis si follement avancé, et je dois rendre grâce au Ciel qui m'arrête au moment que j'y allais tomber. Je me sentis plus fort après ces réflexions. J'en fis mille autres de la même sorte pendant l'espace de deux ou trois heures. La conclusion que j'en tirai, et à laquelle je m'attachai d'une manière inébranlable, fut de ne plus flatter l'espérance de miladi R...., et de lui déclarer nettement qu'elle ne devait point compter sur notre mariage. Je retournai chez ma fille dans cette résolution. Le Ciel, qui me l'avait inspirée, m'offrit tout d'un coup l'occasion de l'exécuter. Etant rentré par la porte du jardin, je rencontrai miladi R.... qui s'y promenait seule : la bienséance ne me permettait pas de la fuir ; je m'avançai vers elle. Après m'avoir fait quelques complimens sur la mort de Scoti, à laquelle elle avait pris quelque intérêt, parce qu'elle lui avait eu l'obligation de sa fuite d'Angleterre, elle me dit sans détours que si j'étais toujours dans la volonté d'accepter sa main, elle croyait que de plus longs délais étaient inutiles ; qu'à la vérité la mort de milord R.... était encore toute récente ; mais que la manière dont il en avait usé avec elle, leur longue séparation, et son séjour en France mettaient les choses dans un point de vue tout différent de ce qu'elles seraient à l'égard des femmes ordinaires. Je ne balançai point à lui répondre ce que j'avais médité. Je sens, comme je dois, Madame, lui dis-je, cette généreuse constance qui vous fait persister dans vos offres, et je vous assure que si votre bonté est excessive, ma reconnaissance est telle que vous avez droit de l'exiger. Mais je serais indigne de votre estime, si je ne vous expliquais pas sincèrement ce que je pense de l'engagement que vous me proposez. Vous ne me connaissez point, Madame, j'ose vous le dire; l'habitude que j'ai de composer mon visage a pu me faire regarder de vous comme un homme tranquille et disposé à goûter le bonheur que vous m'offrez; vous ne savez point que ma tranquillité extérieure est une fausse image qui trompe vos yeux. Vous allez frémir, Madame, en apprenant le véritable état de mon ame. Figurez-vous un malheureux homme, accablé de toutes les disgrâces de la fortune, troublé par la perte de ce qu'il a aimé le plus chèrement, accoutumé depuis quarante ans à pleurer et à gémir; sans cesse inquiet, distrait, agité, désirant la mort comme l'unique remède de ses peines, et la craignant néanmoins comme la fin d'une longue vie, qui n'a pas toujours été innocente; un homme dont toutes les pensées sont lugubres, et tous les sentimens douloureux. Ajoutez à ce triste portrait les infirmités de la vieillesse ; et les dépérissemens causés par des voyages et des fatigues continuelles. Voilà, Madame, ce qui est renfermé sous ces dehors qui en imposent encore ; tel est le compte que la vérité m'oblige à vous rendre de moi-même. Vous lisez maintenant au fond de mon cœur. Quel funeste présent vous ferais-je en vous l'offrant ! Quel odieux commerce ne serait-ce pas pour vous, que celui d'un misérable qui ne sentirait point le prix de vos charmes, qui troublerait votre repos et votre joie par ses soupirs, qui voudrait peut-être vous obliger à partager ses peines ; ou qui se déroberait de votre présence pour chercher, dans la solitude et dans les larmes, l'unique sorte de bonheur qu'il est capable de goûter ! Songez-y bien, Madame, vous méritez un sort plus heureux ; votre générosité vous serait funeste, si vous en écoutiez encore les mouvemens. Je cessai de parler, pour attendre la réponse de miladi. Elle m'avait écouté sans lever les yeux, et je ne remarquai point que sa contenance fût altérée. Elle me dit, d'un ton de voix tranquille, que si mon procédé n'était pas galant, il était du moins d'un honnête homme; qu'elle se sentirait peut-être offensée de ma froideur, si elle avait lieu de croire que ce fût sa présence et son peu de mérite qui la fît naître; mais que les raisons qu'elle avait entendues lui paraissaient fortes; qu'elle ne demandait pas sans doute un cœur qu'on ne pouvait lui donner sans violence; qu'elle s'était trompée, comme je le lui avais dit, à l'air composé de mon visage; qu'étant fort indifférente pour le plaisir des sens, elle aurait compté pour rien mon âge avancé, si elle eût pu trouver en moi un mari doux et complaisant, comme elle se le promettait sur mes manières et sur ma figure; mais qu'apprenant de moi-même que je ne pouvais rien mettre du mien pour la rendre heureuse, elle renonçait à tous les droits que ses offres et ses avances pouvaient lui avoir donnés sur mon cœur. Je lui baisai la main, en l'assurant qu'elle en aurait toujours d'inviolables sur mon estime et sur ma reconnaissance. Je compte d'autant plus sur l'une et sur l'autre, reprit-elle, que je ne vous ai pas donné lieu assurément de me les refuser. Je ne tarderai pas même à vous en demander un témoignage. J'ai besoin de vos conseils pour prendre un nouveau plan de vie et de conduite. Il n'y a point d'apparence que je demeure ici plus long-temps, puisque je perds l'espérance qui m'y a retenue jusqu'à présent. Quel lieu choisirai-je pour la retraite de ma malheureuse vie ? Je lui répondis que tant qu'elle n'aurait point d'autres inclinations, et qu'elle voudrait bien se contenter des efforts que ma fille ferait pour lui plaire, elle n'avait point d'autre retraite à chercher. Elle se rendit après quelque résistance; et s'étant tournée vers le corps de logis : Ce sera donc ici, dit-elle, que je passerai le reste de mes jours. Elle ajouta qu'elle y mettait trois conditions : la première, qu'on l'avertirait avec franchise s'il arri-arrivait qu'elle devînt incommode; la seconde, que ne pouvant être son époux, je lui en tiendrais lieu du moins par mes conseils et par mon amitié ; la dernière, qu'Amulem et mon gendre consentiraient qu'elle adoptât Nadine pour sa fille et pour son héritière. Cette conduite douce et généreuse me toucha jusqu'aux larmes. Je pris du caractère de cette aimable dame une idée tout autre que celle que j'en avais eue jusqu'alors. Vous serez, Madame, lui dis-je, la maîtresse absolue dans ma famille ; ma fille est trop heureuse d'avoir une amie telle que vous ; je regarde moi-même l'occasion que j'ai eue de vous rendre quelques faibles services, comme une des plus grandes faveurs que j'aie reçues de la fortune dans tout le cours de ma vie. Nous retournâmes au logis. Miladi fut la première à raconter à ma fille ce qui s'était passé entre nous. Elle nous pressa si fortement de lui accorder Nadine pour lui tenir lieu de fille, que nous consentîmes à ce qu'elle demandait avec tant de bonté. Ma nièce prit un lit dans son appappartement. L'on verra qu'elle eut pour elle, dans la suite, toute la tendresse d'une véritable mère, et qu'elle la porta même un peu trop loin. C'est sur quoi je ne m'explique point encore, ne voulant pas préparer trop tôt mon lecteur à la tristesse.

LIVRE TREIZIÈME.

L'heureuse fin de cette aventure me fit bénir le Ciel, qui semblait en avoir pris lui-même la conduite. J'employai quelques jours à régler avec Amulem l'ordre de notre voyage d'Allemagne. Il était absolument déterminé à partir avant l'hiver; mais n'ayant pas vu Paris, il eut envie d'y aller passer quelques semaines avant notre départ. Cela pouvait s'accorder si bien avec les mesures que j'avais prises avec M. le duc, que loin de l'en détourner, je lui promis de l'y conduire. Nous y arrivâmes dans le temps où il devait paraître le plus brillant aux étrangers. C'était dans la chaleur des actions du Mississipi. Le faste et la magnificence semblaient répandues dans toutes les conditions. L'argent et l'or roulaient avec profusion, comme s'ils se fussent échappés de la captivité dans laquelle on les tient ordinairement. Les habits, les équipages, les dépenses excessives du jeu, et les fêtes continuelles découvraient l'opulence du royaume; ou, si il est permis de s'exprimer sincèrement, trahissaient plutôt sa faiblesse intérieure, puisque toutes ses forces s'épuisaient follement au dehors. Amulem fut frappé de cet éclat. Ses préjugés turcs ne l'empêchèrent pas de convenir que Paris l'emportait sur Constantinople. Nous nous logeâmes dans la rue neuve des Petit-Champs, et ce ne fut pas sans peine que nous nous procurâmes un logement commode. Nous en eûmes même beaucoup à louer un carrosse de remise, tant il se trouvait de personnes qui n'étaient pas disposées plus que nous à marcher à pied. Tous les jours on nous apprenait quelque nouveau prodige de fortune en faveur des plus vils et des plus misérables.

C'était le célèbre M. Law qui donnait le branle à la roue. Je me procurai le plaisir de le voir, étant introduit par quelques Anglais que j'avais connus à Londres, et qui se trouvaient alors à Paris. Cet homme, occupé de tant d'affaires importantes, n'en avait pas l'esprit moins libre, ni l'humeur plus éloignée du plaisir. Il nous invita pour le soir à souper chez lui. J'y vis sa femme, qui me parut enjouée. J'y trouvai aussi l'abbé D...., qui me reconnut tout d'un coup. Comme il ignorait que j'eusse quitté Paris après l'avoir vu cinq ou six semaines auparavant, il me fit des reproches honnêtes de ce que je l'avais si fort négligé. Il était trop agréablement occupé du voisinage de madame Law, pour lier à table une conversation sérieuse avec moi ; mais il me fit promettre que je lui rendrais le lendemain une nouvelle visite. La joie et le badinage régnèrent dans ce repas. M. Law y dit mille jolies choses. On n'y fit nulle mention de système, quoique je souhaitasse extrêmement que le discours pût tomber sur ce sujet : on n'y parla que des sévérités de la chambre de justice, et de la frayeur qu'elles avaient répandue parmi toutes les personnes intéressées dans les revenus du Roi. M. Paparel, trésorier-général de l'extraordinaire des guerres, avait été condamné à mort quelques jours auparavant, et l'on ne savait point ce qu'on devait penser du délai que S. A. R. avait fait apporter à l'exécution de sa sentence. Comme on n'épargne guère les condamnés, le pauvre Paparel ne fut point ménagé par ces messieurs. M. Law se retira vers minuit, sous prétexte d'une affaire d'importance qu'il devait expédier avant son sommeil. Je sortis aussi peu après avec les deux Anglais qui m'avaient procuré sa connaissance. Comme ils demeuraient dans le même quartier que moi, nous nous entretînmes en chemin de la prodigieuse fortune de M. Law, et de l'industrie avec laquelle il s'y était élevé. M. Stepeney, qui était celui des deux qui le connaissait le plus particulièrement, me raconta quelques traits de sa vie qui méritent d'être rapportés. M. Law, me dit-il, est Ecossais, et né d'une honnête famille. Il a eu, dès sa première jeunesse, l'esprit propre au commerce et aux affaires. Ses parens le mirent de bonne heure dans un comptoir; on n'a pas su sur quels fonds il y amassa une somme considérable qui le mit en état de se passer du secours de sa famille. J'ai connu, me dit M. Stepney, le marchand chez qui il était à Edimbourg. Je l'ai entendu se louer beaucoup de sa sagesse et de sa fidélité. Il prit le chemin de Bristol avec son argent et des recommandations qui lui firent trouver une place plus considérable que celle qu'il venait d'occuper. On le fit commis en chef du bureau de la Jamaïque. Son assiduité et son esprit lui attirèrent la confiance de tous les marchands. Cependant, soit qu'il se fût déguisé jusqu'alors par hypocrisie, soit que sa vertu fût séduite par les grosses sommes qui lui passaient entre les mains, on découvrit dans ses comptes quelques erreurs de calcul qui commencèrent à le rendre suspect. Les marchands anglais veulent de l'exactitude. On l'examina de près, il s'en aperçut ; voici le stratagême dont il usa pour se mettre à couvert. Il avait fait une connaissance intime avec le commis d'un autre bureau considérable, qui n'était pas plus fidèle que lui : ils s'accordèrent ensemble pour se soutenir, et pour tromper à coup sûr. Lorsque l'un des deux était obligé de rendre ses comptes, il avait recours à l'autre, dont il tirait autant d'argent qu'il en manquait dans sa caisse, et se rendant ainsi alternativement le même service, ils se trouvaient toujours en état de subir l'examen le plus rigoureux, quelques sommes qu'ils eussent pu détourner du dépôt qui était entre leurs mains. Ils employaient pendant ce temps-là ce qu'ils avait dérobé, et le faisaient valoir à leur profit particulier. Quoique ce système fût des mieux concertés, il ne put tromper tout-à-fait la vigilance des intéressés. On s'étonnait des grosses entreprises qu'on voyait faire tous les jours à M. Law, et l'on ne comprenait point sur quels fonds elles étaient appuyées. Les soupçons devinrent si forts qu'ils ne purent lui être cachés. C'était une affaire à le décréditer pour toujours. Il résolut de se tirer d'inquiétude, et il y réussit par une trahison qui perdit son associé. Feignant d'être obligé de rendre ses comptes, il le pria de lui fournir, suivant leur convention, la somme dont il avait besoin pour remplir sa caisse. Il la reçut; mais ce fut dans le dessein de ne la pas rendre. L'autre, qui ne s'attendait à rien moins, lui redemanda son argent peu de jours après. M. Law contrefit l'étonné, comme s'il n'eût rien compris à ce discours, et se voyant trop pressé, il fit un éclat qui couvrit ce malheureux de confusion, et qui l'obligea à se sauver pour éviter le châtiment. Les plus éclairés entrevirent une partie de la vérité; mais il eût été dangereux d'attaquer M. Law sans le pouvoir convaincre. Cependant cette aventure lui ayant fait perdre quelque chose de son crédit, elle le détermina à quitter Bristol pour aller à Londres. Il ne s'y borna point à prendre soin des affaires d'autrui, il commençait à être assez riche pour être occupé seulement des siennes. Je ne doute point, continua M. Stepney, qu'il ne fût devenu en peu de temps un des plus opulens particuliers d'Angleterre, si l'amour ne l'eût rendu la dupe de deux femmes qui l'ont presque conduit à sa ruine. La première fut miladi..... Cette dame était une coquette fieffée, qui avait ruiné déjà vingt amans à Londres, et qui était aussi connue par ses débauches que par sa beauté. M. Law eut le malheur de la voir et de la trouver aimable. Elle en fut informée avant même qu'il eût eu la hardiesse de lui déclarer sa passion, et elle forma le projet de le dépouiller. Il était novice en amour, quoiqu'il le fût si peu pour les affaires. Il ne connaissait pas mieux les manières du monde poli, ayant toujours vécu dans la poussière d'un comptoir et d'un bureau. Ce fut par cet endroit que miladi le prit d'abord. A peine lui eut-il exprimé quelque chose de ses sentimens, qu'elle sut lui faire entendre avec adresse que l'unique chose qui lui manquait pour plaire, était de mettre quelque réforme dans ses manières, pour être un peu plus au goût du monde. Il comprit de quoi il était question; mais il l'exécuta mal. Au lieu de s'accoutumer par degrés aux airs de la Cour, il se crut capable de les prendre tout d'un coup. Dans l'espace de peu de jours, on le vit changé en petit maître. Cet excès fit pitié à ceux qui le connaissaient, et le rendit ridicule aux yeux de quantité de personnes qui sentirent le contraste de sa parure et de ses manières. Cependant, comme il est homme d'esprit et d'un caractère souple et pliant, il atteignit peu à peu au degré qu'il fallait pour être reçu chez miladi... C'est la seule obligation qu'il ait à cette dame, d'avoir ainsi contribué à le polir et à le former pour le monde. Les autres leçons qu'il reçut d'elle ne lui furent pas si utiles : elle l'engagea dans des dépenses si excessives, qu'il s'aperçut en peu de temps de la diminution de ses espèces : et ce qu'il y eut de plus chagrinant pour lui, fut que la dame n'eut pas plutôt remarqué que la source de ses libéralités tarissait, qu'elle le fit prier de ne plus mettre le pied chez elle. Cette disgrâce le toucha si vivement, qu'elle l'empêcha de sentir la perte d'une partie de son bien. Ses amis, qui le voyaient si tendre, lui proposèrent de se satisfaire à moins de frais, c'est-à-dire de suivre l'usage de Londres, en se donnant une jolie maîtresse, qu'il entretiendrait à petit bruit, et sur laquelle il aurait un empire absolu. Ce conseil fut de son goût. On lui en procura une fort aimable, avec laquelle il vécut content pendant quelques mois; mais il était destiné à payer toujours cher les plaisirs de l'amour. Sa maîtresse était une friponne, qui disparut un jour, en lui emportant trois mille guinées et quantité de bijoux. Des pertes si considérables dérangèrent beaucoup ses affaires; toute son adresse ne put les réparer parfaitement. Les airs de Cour qu'il avait pris avec miladi... lui ôtèrent le goût du commerce. Il se livra au jeu. On sait quelle vie les joueurs mènent. Tantôt il possédait des sommes immenses qui lui faisait prendre un essor fort au-dessus de son origine ; tantôt il était sans un morceau de pain. Je lui ai vu pendant trois mois, continua M. Stepney, un carrosse à six chevaux, une maison de campagne et un hôtel superbe à la ville. Cette faveur de la fortune ne dura guère. Le colonel Chartris le ruina dans une soirée, comme il a ruiné depuis le duc de Warton et quantité d'autres jeunes gens. M Law se mit ensuite dans les projets ; c'est-à-dire, qu'il formait des plans de compagnies et d'associations pour le commerce, et qu'il tâchait de les faire goûter aux marchands. Il inventait des machines pour rendre plus faciles ou pour abréger les grandes entreprises ; telle fut celle dont l'éxécution se trouva si heureuse pour nettoyer les étangs, les canaux et les bassins qui servent à la construction des vaisseaux. Il fut le premier qui fit naître à milord duc de Montague le dessein d'une nouvelle plantation dans l'île de Sainte-Lucie ; entreprise qui a coûté à ce seigneur la moitié de son bien, et qui a échoué à la fin malheureusement. Enfin il se soutenait honnêtement par les seules ressources que lui fournissait son génie, lorsque la fortune l'a appelé en France, et lui a ouvert le chemin de la faveur et de la toute-puissance auprès de M. le Régent. Il conserve toujours, ajouta M. Stepney, une forte inclination pour les femmes. Il a le cœur bon et tendre; de sorte que ses libéralités se répandent à pleine mains sur le beau sexe. Il s'est fait amener de Londres, pour son délassement après les affaires, quelques belles Anglaises, qu'il entretient à Paris, à peu près comme les seigneurs Français qui aiment les chiens et les chevaux, en font venir d'Angleterre.

J'étais si plein de l'idée de M. Law en quittant M. Stepney, que je le vis en songe pendant la nuit; mais je le vis dans une situation que je ne lui aurais pas fait plaisir de lui dire, et qu'il n'aurait peut-être pas cru devoir appréhender. Il me sembla que S. A. R. le mettait hors de son appartement par les épaules, et qu'étant ensuite abandonné de tout le monde, il allait chercher du pain hors du royaume, après l'y avoir ôté à tant d'autres.

Le lendemain je fis ma visite à l'abbé D.... C'était un autre aventurier dont la morale ne valait guère mieux que celle de M. Law. J'avoue que rien ne m'a jamais donné tant de mépris pour les biens de la fortune, que de les voir accordés avec tant de profusion à des personnes de ce caractère. C'est une réflexion que j'ai faite mille fois en ma vie, et qui se renouvelait alors à tous momens en voyant tant de misérables arriver tout d'un coup à l'extrême opulence. Serait-il possible, disais-je, que la Providence mît en de telles mains ce qu'elle estime ? Non, les biens de ces gens-là sont aussi vils que leurs personnes. Je ne mets pas néanmoins absolument dans ce rang l'abbé D..... Il avait assez d'esprit et de savoir vivre pour être distingué de la foule. La visite que je lui rendis fut beaucoup plus familière que la précédente. Il me rapporta des choses incroyables de l'affection dont

M. L..... l'honorait, et de la confiance qu'il prenait en lui. La suite de sa vie les a justifiées. Comme il avait été précepteur de M. L....., il se faisait honneur du goût que son élève avait pour les sciences et les beaux arts. Dieu sait s'il était capable de le lui avoir inspiré. Il me fit la grâce de me procurer la vue de son cabinet, de ses tableaux et de son laboratoire. Le cabinet était plein de livres et de papiers confusément épars. J'eus la curiosité d'observer les livres, étant persuadé que la meilleure manière de connaître le caractère et les inclinations d'un homme d'esprit, est de faire attention à ce qui l'occupe dans le secret du cabinet. Je vis dans celui de ce seigneur un mélange de théologie, d'histoire, de littérature, et surtout de philosophie naturelle. Les ouvrages extraordinaires, j'entends ceux de Spinosa, Hobbes, Vanini, Cardan, Toland, Paracelse, etc., étaient dans une classe à part, et parmi eux était un gros cahier de sa main propre, où il avait pris la peine de réduire en abrégé ce qu'il y a de plus curieux dans la doctrine de ces auteurs. L'abbé D.... me fit remarquer un manuscrit latin, *de Deo, an possibilis*, qu'il me dit avoir été payé cinquante louis d'or. Cet abbé m'assura que M. L... passait quelquefois jusqu'à quatre et cinq heures occupé avec ses livres, et qu'il ne lisait presque jamais sans avoir la plume à la main, pour écrire ses remarques et ses réflexions. Il avait fait traduire pour son usage quantité de bons livres anglais, dont il faisait beaucoup de cas. M....., magistrat illustre, qui entendait parfaitement l'anglais, lui avait rendu plusieurs fois ce service. S'il en faut croire l'abbé D...., la curiosité de son élève en matière de science s'étendait à tout. Il a fait venir plus d'une fois des extrémités de l'Europe certaines personnes qui passaient pour avoir acquis des connaissances extraordinaires. Un jour ayant lu dans une relation anglaise de la Laponie norwégienne, que les Lapons étaient fort adonnés à la magie, et qu'il se passait des choses surprenantes dans cette partie de notre hémisphère, il n'eut point de repos qu'il n'eût fait amener un magicien lapon dans son cabinet. On n'a pas su ce qu'il apprit de lui; mais il y a apparence qu'il en fut peu satisfait, parce qu'il ne l'entretint pas long-temps. Il le fut davantage d'un certain Valtas, qui s'insinua dans sa faveur par la profonde connaissance qu'il avait de la chimie. Il travaillait quelquefois deux heures avec lui dans son laboratoire. Il n'y avait point de distillation ni d'élixir qu'il ne sût composer; il en inventait lui-même, et il prenait plaisir à les faire débiter à Londres et à Paris par quelque aventurier qui prenait la qualité d'opérateur, et qui y gagnait considérablement; il a fait des perles et des teintures de cristal qui sont d'une beauté admirable.

Pour ce qui regarde le grand œuvre, il l'a tenté sans succès : cependant, il n'a pas laissé de faire de grandes dépenses pour arriver à quelque chose d'extraordinaire dans la transmutation des métaux. M. C....., Anglais, l'a aidé long-temps dans ce travail; mais ils ne purent attraper le secret de la nature. Tout le fruit de leurs peines fut de composer des alliages d'une grande perfection, quoique la valeur en soit fort au-dessous de la dépense. Un Italien effronté, qui avait entendu parler du goût de ce seigneur pour cette sorte de science, lui fit demander un jour une audience particulière dans son laboratoire. Lorsqu'il y fut entré, il eut le soin d'en fermer la porte; il tira de sa poche un petit réchaud d'une fabrique extraordinaire, au-dessous duquel était un petit vaisseau de cuivre qu'il remplit d'un élixir qu'il avait dans une bouteille. Il enflamma l'élixir avec une simple allumette, et il le pria ensuite de lui prêter, pour un moment, un louis d'or. Il le mit à sa vue dans le réchaud : en moins de trois minutes il en tira une pièce d'argent de la même grandeur, qu'il lui remit. Il lui demanda un écu, et l'ayant enfermé de la même manière dans le réchaud, il en fit sortir un louis d'or, qui ne différait des autres qu'en ce qu'il était plus épais. Après cette opération, qu'il acheva sans prononcer une parole, il prit son réchaud et sortit du laboratoire, en disant à ce seigneur que s'il voulait se donner la patience d'attendre un moment, il allait lui faire voir quelque chose de bien plus extraordinaire. On l'attendit, mais inutilement. L'Italien s'était servi de cette ruse pour faciliter son évasion. M. l'abbé D... me fit voir les deux pièces que M. L.... avait conservées. J'étendrais trop le récit de cette visite, si je rapportais toutes les choses curieuses qu'il me fit observer. Je marquai beaucoup de reconnaissance pour ses civilités. Nous parlâmes encore de l'Angleterre; il me proposa de l'accompagner dans un voyage qu'il avait dessein d'y faire. Je m'en excusai honnêtement sur les engagemens que j'avais avec M. le duc de..... Il ne manqua point de me demander ce qui avait causé mon retour si prompt à Paris. Je lui parlai de mon beau-frère Amulem et de son fils Muleid. Il faut, me dit-il, que vous me les fassiez voir, et que je leur procure l'honneur de faire la révérence à M. L..... Je le remerciai de cette offre, et je les lui amenai le jour suivant. Il nous présenta à lui. Nous en fûmes reçus fort gracieusement. Il fit à Amulem plusieurs questions sur le gouvernement du Grand-Seigneur, et sur les forces de l'empire ottoman. Il lui dit, en parlant de sa religion : Je ne la trouve guère sainte ; mais elle me semble bien aimable, ne fût-ce qu'en ce qu'elle n'oblige pas à voir toujours la même femme. Amulem répondit agréablement, que si c'était un mal d'être obligé de voir toujours une seule femme, c'en devait être un bien plus grand d'en voir toujours plusieurs. Point d'équivoque, reprit M. L....., le mal de n'en voir qu'une est si grand, que je n'en saurais rire ; et si l'on n'était un peu Turc sur certains articles, un pauvre chrétien aurait bien de la peine à vivre. Nous eûmes, par la bonté de ce seigneur, un de ses domestiques pour nous conduire à Versailles et dans tous les lieux où l'on n'a pas la liberté d'entrer sans être introduit.

Le hasard nous fit rencontrer à Fontainebleau M. le marquis d'Antremont, ambassadeur du roi de Sicile. Je l'avais connu à Rome long-temps auparavant, et j'étais même lié particulièrement avec lui. Comme je ne m'imaginais nullement qu'il fût à Paris, et encore moins qu'il y fût avec un titre si distingué, je ne me remis point son visage, lorsqu'on me le montra sous le nom de sa dignité. Il me reconnut le premier, et sa politesse le fit avancer vers moi pour m'embrasser. Nous nous promenâmes en nous entretenant de nos anciennes liaisons et de nos aventures romaines. Il avait failli à périr à Rome, par la jalousie d'un cardinal dont il voyait secrètement la maîtresse; deux sbires, apostés par ce prélat, l'avaient attaqué le soir dans la rue, et il n'avait dû sa vie qu'à son adresse et à sa valeur. Le péril qu'il avait couru l'effraya si peu, qu'il revit sa belle dès le lendemain, en prenant seulement la précaution de se déguiser. Il se couvrit d'un habit de père jacobin, et il continua à la visiter tous les jours sous ce masque. Le cardinal découvrit la ruse, et l'ayant fait veiller, il le fit prendre par les archers de l'inquisition, comme un moine débauché qui causait du scandale à l'Eglise. Il fut enfermé dans une étroite prison, d'où il ne put se tirer qu'après y avoir demeuré six semaines. Le cardinal eût la malice de répandre le bruit qu'il y avait été traité comme on traiterait peut-être un moine dans le même cas, c'est-à-dire, fouetté rigoureusement. Cependant cette médisance fut reconnue fausse par le cardinal même, qui, étant tombé peu après dans une maladie mortelle, fit prier le marquis de se rendre auprès de son lit, et lui demanda pardon publiquement du tort qu'il avait fait à sa réputation. Nous eûmes l'honneur de dîner avec M. le marquis d'Antremont, et de retourner le lendemain à Paris dans son carrosse.

Nous n'y fîmes plus un long séjour. La curiosité d'Amulem étant satisfaite, nous reprîmes le chemin de la province.

Lorsque nous approchâmes de la maison de ma fille, je fis avancer mon laquais plus vite que nous pour l'avertir que nous serions le soir à souper chez elle. Je fus surpris de le voir peu après revenir au-devant de nous en galopant. Il m'apprit que le marquis mon élève était au logis depuis quatre jours; et me présentant une lettre, il me dit que c'était par l'ordre du marquis qu'il me l'apportait; qu'elle était de M. le duc son père, et qu'il me priait de la lire avant mon arrivée. Je la lus promptement. M. le duc me marquait que son fils l'avait pressé avec tant d'instances de lui accorder la permission d'aller attendre mon retour de Paris chez ma fille, qu'il avait craint de l'affliger trop en le refusant : qu'il le croyait là en aussi bonnes mains que dans les siennes, et qu'il se persuadait que j'approuverais son voyage. Comme cette lettre ne contenait rien de plus, je ne pouvais m'imaginer quelle raison le marquis avait eue de me l'envoyer avec tant de diligence. Cependant, en y pensant davantage, je compris que la crainte que je ne fusse mécontent de le voir à mon arrivée, et que je ne le soupçonnasse de s'être dérobé à M. son père, l'avait porté à me prévenir comme il avait fait. Il m'avoua le soir que j'avais deviné juste. Je ne laissai point, malgré la lettre, d'être très-peu satisfait de le trouver là. J'admirai même que M. le duc y eût pu consentir, après le danger où il s'y était trouvé exposé ; sans compter qu'il n'ignorait pas sa passion pour ma nièce, à laquelle des entrevues si fréquentes ne pouvaient manquer de servir d'alimens. Je n'augurai rien de bon de sa présence. Plût au Ciel, pour son intérêt et pour celui de ma famille, que mon présage et mes craintes eussent été moins fondées, et qu'elles n'eussent point été justifiées par des événemens qui mirent le comble à tous les malheurs de ma vie ! C'est ce que je raconterai maintenant sans interruption ; car il me serait difficile de mêler des choses étrangères et indifférentes à un récit si intéressant.

Le marquis n'avait pas perdu le temps pendant les quatre jours qu'il avait passés chez ma fille; non-seulement il s'était ménagé cent occasions d'entretenir Nadine; mais, par une adresse dont je crois que l'amour seul l'avait rendu capable, car il n'était point naturellement artificieux, il avait trouvé le moyen d'intéresser si fortement miladi R... en sa faveur, qu'elle approuvait hautement sa passion. Un secours de cette nature pouvait faire faire en peu de temps beaucoup de chemin à ma nièce. Ce n'est pas que j'aie jamais soupçonné miladi d'être propre à favoriser le vice; mais de quoi ne sont pas capables deux jeunes amans dont on flatte l'inclination, et à qui l'on procure tous les moyens de se voir commodément? Ma fille, qui avait découvert le fond du mystère, n'avait point eu la hardiesse d'en témoigner ses sentimens; mais ce fut la première nouvelle dont elle m'instruisit à mon arrivée. La crainte fit que je m'imaginai le mal encore plus grand qu'il n'était. Je ne tardai point à m'expliquer avec miladi, et à tâcher de tirer la vérité d'elle, en gardant néanmoins beaucoup de ménagemens, pour ne pas commettre ma fille. Lorsque j'en eus dit assez pour me faire entendre, elle reconnut qu'elle avait eu quelque condescendance pour la passion du marquis, parce qu'elle la croyait infiniment sincère; et parce que la pauvre petite Nadine, ajouta-t-elle, n'en avait pas moins pour lui. Elle me dit, en riant, qu'il eût fallu avoir le cœur d'une dureté extrême, pour voir souffrir sans pitié deux enfans si aimables. Cependant elle me protesta que toute son indulgence s'était bornée à leur accorder quelques momens d'entretien dans son appartement, et cela toujours en sa présence. Je suis bien éloigné, Madame, repartis-je, d'en soupçonner d'avantage ; mais vous me ferez la grâce de confesser que cette faveur même, toute mince qu'elle est, ne leur était pas nécessaire. Vous savez le peu de proportion qui est entre le marquis et ma nièce.

Amulem est un étranger dont le rang, quoiqu'assez considérable parmi les Turcs, est compté pour rien en France. Nadine ne tire non plus aucun relief de la qualité de ma nièce, puisque ne l'étant que du côté de mon épouse, elle n'appartient point à ma famille. Rien ne peut donc la rapprocher du marquis, dans l'éloignement infini où elle est de son nom, de son rang, de ses richesses et de toutes ses espérances. A quoi sert-il, Madame, d'entretenir dans le cœur de cette enfant une passion qui ne saurait avoir d'heureuses suites pour elle? Je veux bien ne la regarder jusqu'à présent que comme un badinage et un amusement de jeunesse; mais ne savons-nous pas, vous et moi, que les conséquences de ces dangereux amusemens peuvent devenir sérieuses? Je connais le naturel du marquis : il est d'une vivacité qui vous effrayerait, si vous la connaissiez comme moi. Miladi répliqua, en m'interrompant, qu'elle avait fait attention par avance à mes difficultés, et qu'elle les avait trouvées si faibles, qu'elle n'avait pas cru s'y devoir arrêter; qu'à la vérité Nadine n'était pas du rang du marquis ; mais que c'est l'effet le plus ordinaire de l'amour d'égaler les conditions; que rien n'était si commun en Angleterre que ces assortimens inégaux ; que la faiblesse de notre sexe pour le sien était presque l'unique voie que la Providence eût accordée aux femmes pour s'élever à la fortune; que la petite Nadine avait assez de charmes pour borner l'ambition d'un prince ; et là-dessus elle se mit à me rapporter les exemples de quantité de ducs et de milords anglais qui n'avaient cherché qu'à satisfaire leur cœur en se choisissant une épouse. Il est vrai, Madame, lui dis-je, que cela est commun en Angleterre; mais nos coutumes sont différentes. D'ailleurs le soin que j'ai consenti à prendre de la conduite du marquis, m'oblige en honneur de veiller à ses vrais intérêts. Ne doutez pas que dans toute autre situation, je ne fusse bien aise de voir Nadine prendre le chemin de devenir duchesse : cette pauvre enfant serait reine, si sa fortune répondait à mon affection. Mais je suis le gouverneur du marquis. Son père, sa famille se reposent de sa conduite sur mon honneur et sur ma sagesse, je ne trahirai point leur confiance; je ne dis pas seulement pour l'avantage de ma nièce; mais pour celui même de toute ma postérité. Enfin, Madame, ajoutai-je, c'est une affaire où je me croirais criminel par la seule incertitude; et, grâce à Dieu, j'ai trop d'honneur pour demeurer suspendu un seul moment entre le crime et mon devoir.

Le fruit de cette conversation fut d'engager miladi R.... à ne plus prêter la main au commerce de nos jeunes amans. Je n'aurais pas différé à mettre Nadine pour quelques années dans un couvent, s'il ne m'eût paru trop dur de l'ôter à son père pendant le peu de temps qu'il avait à demeurer en France. N'y pouvant donc penser avec bienséance, je me retranchai à trouver quelque nouveau moyen d'éloigner le marquis. Je n'en pus imaginer d'assez vraisemblable pour espérer qu'il ne sentît point ma ruse. Je pris le parti d'écrire à M. le duc, et de lui marquer les nouvelles raisons que j'avais de souhaiter qu'il le rappelât. Je le priais d'employer quelque prétexte, comme celui de le faire habiller, ou de lui faire prendre quelques remèdes avant notre départ pour l'Allemagne. La lettre de M. le duc vint en peu de jours. Le marquis, qui le respectait extrêmement, n'osa demeurer un moment après l'avoir reçue. Je fis violence à ma sincérité, jusqu'à lui témoigner du regret de le voir partir.

Je m'applaudissais néanmoins de ce départ : il semblait assurer toutes mes vues. Je me proposais d'aller rejoindre le marquis en moins de quinze jours, d'en passer quelques-uns avec lui, et de partir ensuite pour l'Allemagne, sans repasser chez ma fille. Amulem et son fils auraient pris un autre chemin, et nous nous serions rencontrés sur la frontière. Ce projet était simple, et me semblait infaillible. Mais hélas ! c'est la plus grande de toutes les infirmités humaines de ne pouvoir pénétrer dans l'avenir. Les hommes sont obligés de travailler tous les jours à se rendre plus parfaits. Hé! Peuvent-ils le devenir, s'ils ne connaissent point ce qui doit suivre le moment dont ils jouissent? Comment éviter des fautes ou des malheurs dont on ne prévoit point les occasions? Comment s'assurer d'obtenir le bien auquel on doit tendre, si l'on ne peut être certain d'en avoir les moyens? On parle de l'expérience du passé comme d'un flambeau qui doit éclairer les démarches futures, et qui aide à conjecturer les événemens! Mais qu'un tel secours paraît faible, quand on considère la variété infinie des motifs qui font agir les êtres libres, et l'obscurité des ressorts qui déterminent les causes nécessaires! J'ai soixante ans d'usage et de connaissance du monde, et le fruit que j'en recueille, à l'égard de l'avenir, est d'avoir reconnu chaque jour de plus en plus, que toutes les règles de la prudence sont ordinairement fausses et toujours absolument incertaines : en voici un nouvel exemple.

Dans le temps que j'étais le plus satisfait de l'ordre que j'avais mis dans les affaires de ma famille et dans les miennes, un gentilhomme voisin de ma fille vint me demander ma nièce Nadine en mariage : c'était un parti plus avantageux qu'elle ne pouvait l'espérer naturellement. Outre un gros bien, le gentilhomme était aimable : il avait environ trente ans, et c'était uniquement par estime et par amour qu'il souhaitait d'obtenir ma nièce. Rien ne paraissait devoir empêcher mon consentement, excepté peut-être l'âge de cette enfant, qui était à peine dans sa quinzième année. Je conférai sur cette proposition avec Amulem, mon gendre et ma fille : leur sentiment comme le mien fut de l'accepter sans balancer. Je n'y voyais plus d'autre difficulté que la violence qu'il faudrait faire sans doute à ce petit cœur, où l'amour avait pris de si profondes racines. Cette pensée me causait du chagrin ; car je n'ai jamais approuvé la tyrannie des pères qui exigent une obéissance aveugle de leurs enfans : l'exemple dé mon grand-père était encore devant mes yeux, et je n'avais point oublié que c'était à cette source fatale que se devaient rapporter tous les malheurs de ma vie. Cependant le cas où je me trouvais, par rapport à ma nièce, me paraissait tout différent. C'était une chose impossible que son mariage avec le marquis; la perte de sa vie et de la mienne ne m'aurait pas fait relâcher là-dessus le moins du monde. Dans cette supposition, qui était constante et qui ne pouvait changer, il me semblait que loin de manquer d'indulgence pour elle, c'était la traiter avec une véritable affection que d'aider à la guérir; et rien ne m'y paraissait plus propre que de la mettre entre les bras d'un honnête homme, qui l'aimait excessivement, et qui n'épargnerait rien pour lui faire mener une vie douce et heureuse. Ce raisonnement me parut solide. Il me le paraît même encore, malgré l'effet tragique qu'il a produit, et si je me trouvais dans la même situation, avec aussi peu de connaissance de l'avenir, je prendrais aisément le même parti.

Étant donc arrêté à cette résolution, je fis appeler ma nièce, et je lui appris que M. de B..... lui faisant l'honneur de l'aimer et de la souhaiter pour son épouse, j'avais cru que c'était une affaire extrêmement avantageuse pour elle. Votre père, lui dis-je, et toute la famille s'accordent à penser la même chose. Il ne nous reste, ma chère nièce, qu'à connaître quels sont vos sentimens. Elle me repartit avec beaucoup de douceur que c'était un langage si extraordinaire pour une fille de son âge, qu'elle ne savait pas bien ce qu'elle devait me répondre; qu'elle était prête à obéir à toutes mes volontés; mais que si j'étais assez bon pour lui permettre de suivre ses inclinations, elle ne souhaitait que de vivre avec ma fille et miladi R..., qui avaient tant de bonté pour elle. J'affectai de prendre sa réponse pour un effet de sa modestie. Je la louai, je l'embrassai, et je lui promis que si elle voulait me laisser le soin de son sort, je la rendrais heureuse comme une petite reine. M. de B.... lui dis-je, que nous vous destinons pour époux, viendra vous voir dès aujourd'hui. Il faut le recevoir avec honnêteté. Vous verrez que c'est un charmant gentilhomme que vous ne pourrez vous empêcher d'aimer. Elle ne me répondit plus que par une révérence, et je remarquai qu'elle s'en alla avec empressement dans l'appartement de miladi R....

M. de B. vint pour la voir sur la fin de l'après midi, on la fit appeler. Elle descendit après s'être fait attendre assez longtemps. Je remarquai que ses yeux étaient altérés, et je ne doutai point qu'elle n'eût versé bien des larmes. Cette vue me fit pitié. Cependant elle eut assez de pouvoir sur elle-même pour paraître tranquille et riante. Elle n'affecta pas même une rigueur excessive lorsque son amant, à qui je l'avais déjà promise, prit la liberté de lui baiser la main. Il se retira fort satisfait, après m'avoir prié de conclure son mariage avant mon départ pour l'Allemagne. J'y étais résolu : j'en parlai le soir à miladi, qui faisait semblant de l'ignorer, parce que je ne m'étais pas encore ouvert à elle. Vous avez tant de bonté, lui dis-je, pour ma nièce et pour toute ma famille, que je ne veux rien faire d'important sans vous l'avoir communiqué. On me demande Nadine en mariage, et je trouve le parti si avantageux que je l'ai accepté. Elle s'attendait sans doute à cette ouverture, et sa réponse était méditée. Vous voulez donc être le bourreau de votre nièce, me dit-elle ? Vous la voulez tuer plus cruellement que vous ne feriez d'un coup de poignard. Qui a jamais vu marier une fille à quatorze ou quinze ans, malgré sa volonté? Cette pauvre enfant se meurt déjà d'ennui, et je suis si attendrie de ses larmes, que malgré tout l'attachement que j'ai pour votre fille, je ne veux point demeurer un moment dans cette maison, si vous lui faites cette violence. Et puis, ajouta-t-elle d'un air chagrin, après les droits que vous m'aviez accordés sur elle, il me semble que vous auriez pu me faire entrer pour quelque chose dans cette belle résolution. Je l'assurai que la proposition et l'accord du mariage s'étaient faits si promptement, qu'à peine aurais-je pu lui en faire part plus tôt. Pour ce qui regardait la rigueur dont elle m'accusait, je lui représentai toutes les raisons qui m'empêchaient de croire que c'en fût une ; et je l'obligeai de confesser que ma nièce ne pouvant point être au marquis, nous ne pouvions rien souhaiter de plus heureux pour elle que l'occasion qui se présentait.

J'en conviens, me dit-elle à la fin : mais ce n'est point par l'idée que vous et moi pouvons nous en former, qu'il faut juger des avantages de cette occasion ; c'est par la satisfaction que votre nièce y peut espérer. Elle sera malheureuse, continua-t-elle : je sais par expérience ce que c'est qu'un mariage où l'inclination n'a pas contribué. Pour la satisfaire et finir cette dispute, je fis appeler Nadine, et je lui parlai ainsi en présence de miladi.

J'apprends que vous n'êtes point contente du mariage que je vous ai proposé : je vous aime trop tendrement pour vous y contraindre ; mais je suis bien aise de vous expliquer mes sentimens sur ce qui cause votre répugnance. Je n'ignore pas votre inclination pour le marquis, ni celle qu'il a pour vous. Si vous vous êtes flattée, de ce côté-là, de quelque espérance, il faut que vous commenciez, ma chère nièce, à vous désabuser aujourd'hui. Je vous jure devant Dieu que vous ne serez jamais au marquis : c'est une chose impossible, et sur laquelle vous devez vous rendre justice. Ne pouvant donc être à lui, c'est à vous de voir si vous voulez renoncer à tout autre engagement. Vous êtes libre. Songez seulement que vous affligerez votre famille, qui attend de vous autre chose, et que vous ne donnerez pas une idée honorable de votre sagesse et de votre modestie.

J'avoue que mon discours était captieux pour une enfant de cet âge, qui avait toujours été accoutumée au respect et à l'obéissance ; aussi n'y répondit-elle qu'en m'assurant qu'elle était prête à faire tout ce que son père et moi voudrions exiger d'elle. Je lui dis que c'était ainsi que devait se conduire une fille bien née; et que s'il en coûtait un peu à son cœur pour oublier le marquis, elle devait considérer que c'était un sacrifice nécessaire auquel elle serait obligée, quelque parti qu'elle pût prendre. Je la laissai avec Miladi, quoique j'eusse quelque défiance de ses conseils. Je dis le lendemain à M. de B... qu'il fallait prendre promptement des mesures pour son mariage, s'il voulait le conclure avant mon départ. Il écrivit sur-le-champ à l'évêque. Il en reçut, en moins de huit jours, les dispenses et les permissions qui s'accordent dans une hâte extraordinaire. La cérémonie fut célébrée presque aussitôt. Nadine fut baptisée et mariée dans un même jour. Elle me parut soutenir cette action de fort bonne grâce : il n'y eut que miladi R... qui refusa constamment d'être présente à ses noces.

Cette dame avait ses raisons pour tenir cette conduite. J'en parlerais peut-être avec plus de chaleur, si elle n'en avait été trop rigoureusement punie. Son aveu gle affection pour Nadine lui avait fait prendre des mesures irrégulières pour l'ôter à M. de B..., et les voyant déconcertées par notre promptitude, elle en ressentait un chagrin qui l'empêcha de paraître pendant toute la fête. Elle avait écrit au marquis, par un exprès qu'elle avait envoyé chez M. le duc son père. Elle lui avait découvert, dans sa lettre, qu'il était sur le point de perdre ma nièce sans retour; que son mariage était conclu, et qu'il ne tarderait pas quinze jours à s'exécuter; que s'il l'aimait toujours avec la même tendresse, il n'y avait plus qu'une résolution hardie qui pût le rendre heureux; qu'elle favoriserait toutes ses entreprises; que s'il pouvait s'assurer seulement de deux hommes fidèles, et se rendre la nuit chez ma fille, elle s'engageait non-seulement de livrer sa maîtresse entre ses mains; mais d'accompagner elle-même sa fuite, pour mettre l'honneur de Nadine à couvert. Qu'elles se retireraient ensemble dans un couvent, ou qu'elles passeraient en Angleterre, si elles s'y trouvaient forcées ; qu'au reste il devait craindre peu la colère de M. le duc son père, parce qu'elle était en état de rendre Nadine digne de lui, en la faisant son héritière. Elle le conjurait de se presser, et elle lui marquait même la nuit où elle croyait pouvoir lui rendre le service qu'elle lui promettait.

Ce fut un bonheur qu'elle n'eût pu prévoir que le moment des noces fût si proche. Elles s'accomplirent deux jours avant le terme de son assignation. Le marquis avait pris l'alarme en recevant cette lettre ; sa vivacité lui permit à peine un moment de repos. Il se détermina, sans rien examiner, à suivre toutes les instructions de miladi, et il lui écrivit qu'il serait chez elle à point nommé. Au lieu de deux hommes, il en prit quatre pour l'accompagner. Miladi l'attendait, désespérée de la ruine de son projet. Il se glissa le soir dans son appartement, sans être aperçu de personne. Il avait laissé ses quatre hommes et ses chevaux dans le bois. Quelle fut sa désolation en apprenant que Nadine était dans les bras d'un autre! Il m'a dit depuis que cette fatale nouvelle le fit tomber à terre sans sentiment. Etant revenu à lui, il se fit raconter toutes les circonstances de sa perte; et voyant qu'il ne lui restait pas même l'ombre de l'espérance, il se livra à toutes les extravagances de l'amour malheureux. La nuit étant près de finir, miladi lui conseilla de se retirer. Il ne put se résoudre à retourner si tôt chez son père. Il la pria de souffrir qu'il revînt l'entretenir la nuit suivante; et, pour ne pas s'éloigner trop de la maison de ma fille, il alla passer le jour avec ses gens dans un village qui en est à une lieue, et à peu près à la même distance de celle de M. de B..., où Nadine était déjà.

J'appris le matin qu'on avait vu la veille cinq hommes à cheval aux environs du logis; mais je n'eus pas le moindre soupçon de la vérité : je rendis même ce jour-là une visite particulière à miladi. Elle me parut toujours affligée du mariage de Nadine; ce qui ne l'empêcha pas néanmoins de consentir à l'aller voir le lendemain avec moi. Elle lui porta un présent considérable de pierreries, qu'elle la força d'accepter. Elle l'entretint longtemps à l'écart; mais comme c'était dans la même salle où nous étions, j'avais les yeux sur tous leurs mouvemens. Ma nièce rougit plus d'une fois. Il me semblait que miladi exigeait d'elle quelque chose dont elle tâchait de se défendre. Nous passâmes avec elle une partie de la soirée, et nous retournâmes au logis vers minuit. En entrant dans la cour, j'aperçus de loin un étranger qui me parut avoir toute la figure du marquis. Le Ciel était obscur, et il se déroba si légèrement, que je ne pus en être assuré. Je demandai à miladi si elle n'avait point remarqué la même chose; elle me répondit qu'il n'y avait nulle apparence qu'il fût si proche de nous sans ma participation. C'était néanmoins lui-même, qui s'ennuyait en l'attendant. Il avait passé la nuit précédente avec elle. Il s'était emporté en invectives contre ma dureté, contre l'ingratitude de Nadine, contre la malignité de sa fortune. Il avait juré de ne me revoir jamais ; et s'imaginant n'avoir plus d'ami fidèle que miladi, il lui avait ouvert son cœur avec une entière confiance. La première faveur qu'il avait demandée de son amitié, était de lui procurer une entrevue secrète avec Nadine. C'est par lui-même que j'ai été informé dans la suite de tout ce détail.

Miladi sentit la difficulté et le danger de cette demande. Je suis même porté à croire que ce fut à regret qu'elle lui promit d'y employer ses soins. Les sollicitations pressantes du marquis la touchèrent, et ce fut dant la vue de le servir qu'elle vint avec moi chez ma nièce. Elle était si accoutumée à manier l'esprit de cette jeune personne, qu'elle réussit à lui persuader ce qu'elle voulut. Mais ce n'était pas une entreprise aisée que d'introduire le marquis chez elle. Son mari, qui l'adorait, ne la perdait pas de vue. Elles se séparèrent donc sans avoir pris de résolution assurée. Mon misérable destin me fit contribuer moi-même à leur procurer l'occasion qu'elles souhaitaient. En revenant de chez M. de B..., je dis à mon gendre; en présence de miladi, que je le priais d'inviter le lendemain à souper monsieur et madame de B... Il me le promit. Miladi feignit de ne pas nous écouter; mais ayant formé sur-le-champ son dessein sur ce qu'elle avait entendu, elle le communiqua la nuit même au marquis. C'était de lui faire passer tout le jour dans son appartement jusqu'à l'heure du souper, et d'en avertir secrètement ma nièce à son arrivée. S'il ne lui était pas possible de se dérober à son mari avant que de se mettre à table, elle devait feindre, pendant le souper même, quelque nécessité qui l'obligerait de sortir. Ce plan paraissait sans difficulté. Cependant, lorsque ma nièce en fut instruite, elle en trouva une sur laquelle on ne put la résoudre à passer. Se voir seule et renfermée dans une chambre avec le marquis, ce fut à quoi tous les raisonnemens de miladi ne purent la faire résoudre : il fallut, pour tout accorder, que cette dame s'engageât, sous prétexte d'une incommodité, à ne pas sortir de son appartement. M. de B..., qui ne l'avait pas vue à son mariage, et qui savait qu'elle ne l'avait point approuvé, nous dit ingénument en nous mettant à souper, qu'il attribuait son absence à un reste de haine pour lui; mais que le temps la rendrait plus traitable, ou que s'il continuait à lui déplaire, il prendrait le parti de s'en consoler. Ma nièce ne parla pas sitôt du besoin qui devait la faire sortir de table; elle n'était pas sans doute assez aguerrie pour faire cette démarche sans être un peu tremblante. Elle se leva néanmoins vers le milieu du repas, et elle quitta la salle, en nous disant qu'elle serait de retour à l'instant. Elle ignorait que l'amour abrège les momens; ceux qu'elle passa avec miladi et le marquis lui parurent si courts, que ne revenant point aussi-tôt qu'elle avait dit, M. de B.... en eut de l'inquiétude. Il se leva de table pour s'informer de ce qu'elle était devenue. Un laquais lui dit qu'elle était montée à l'appartement de miladi. Il revint dans la salle nous rapporter cette nouvelle. Mon mauvais génie m'inspira de lui dire qu'il fallait qu'il profitât de cette occasion de faire une civilité à miladi, en tâchant de l'engager à venir passer avec nous quelques momens. Il sortit dans ce dessein. A peine eut-il été absent quatre minutes, que j'entendis le bruit d'un coup de pistolet, et la voix de quelques domestiques qui criaient : au meurtre ! au meurtre ! au secours ! Tout ce que nous étions d'hommes dans la salle y courûmes promptement. Le premier objet que j'aperçus fut le marquis qui descendait l'escalier d'un air fier et le pistolet à la main. Monsieur, me dit-il en venant à moi, je suis désespéré du malheur qui vient d'arriver dans votre maison. M. de B... a assassiné miladi à mes yeux d'un coup d'épée, et je lui ai cassé la tête à lui-même d'un coup de pistolet. Portez, s'il vous plaît, quelques secours à votre nièce, que j'ai laissée en haut sans connaissance. Je fuis, Monsieur, ajouta-t-il en s'éloignant; mais je ne me crois pas criminel.

Dans le trouble où j'étais, je fis peu d'attention à sa sortie. Je montai à l'appartement de miladi, que je trouvai assise et toute sanglante; mais à qui il restait encore quelque sentiment de vie. M. de B... était étendu sans mouvement; sa cervelle paraissait en plusieurs endroits sur le plancher. Ma nièce était tombée dans un profond évanouissement; et j'ai su de la femme de chambre de miladi, que le marquis avait eu soin de la relever et de la mettre dans le fauteuil où je la trouvai. Je fis éloigner le cadavre de M. de B.... Nous donnâmes tous nos soins à miladi, qui eut peine à me reconnaître, tant elle était affaiblie par la perte de son sang. Nadine revint bientôt à elle-même; je priai ma fille de la faire transporter dans une chambre, et d'y prendre soin d'elle.

Lorsque nous fûmes un peu revenus d'une si cruelle émotion, je me fis raconter par la femme de chambre de miladi toutes les circonstances de cette scène funeste, dont elle avait été témoin. Elle me dit que pendant que le marquis entretenait ma nièce, en présence de miladi, M. de B... était entré dans l'appartement sans frapper à la première porte; que cette dame, ayant entendu marcher dans l'antichambre, s'était levée à la hâte, et qu'elle avait entr'ouvert sa chambre; que M. de B..., qui en était déjà tout proche, avait aperçu le marquis assis auprès de sa femme; qu'il avait poussé rudement la porte pour entrer malgré miladi, et que ne pouvant l'emporter sur elle, il lui avait alongé un coup d'épée par l'ouverture de la porte, dans laquelle il avait passé la jambe; que le marquis, qui s'était levé pendant ce temps-là, voyant tomber cette dame, et M. de B... venir vers lui la pointe baissée, lui avait fait sauter la cervelle d'un coup de pistolet. O Providence! m'écriai-je, j'adore tes dispositions; mais que les effets en sont sanglans et impitoyables! Si tu as encore des coups que je redoute, ce ne sont point ceux que tu ferais tomber sur moi-même. Hélas! je serais trop heureux que tu m'en eusses réservé un qui pût finir tout d'un coup ma misérable vie. Miladi ayant repris assez de force pour diminuer notre inquiétude, je quittai sa chambre, et j'entrai dans celle où ma fille était encore avec Nadine. Elle l'avait fait mettre au lit. Je m'assis sur une chaise auprès d'elle; et voyant, à sa pâleur et à ses larmes, combien elle était touchée des malheurs qu'elle venait de causer, je ne voulus point achever de l'accabler par des reproches. Sa main, que je pris entre les miennes, était toute tremblante. Je l'exhortai à prendre courage, et à tâcher de se remettre un peu de cette extrême agitation. Elle avait trop d'esprit pour ne pas remarquer que c'était par un excès d'indulgence que je ne lui témoignais point de ressentiment. Elle me dit, en me serrant la main : Ah ! Monsieur, ne me traitez pas avec tant de bonté, si vous ne voulez pas que je me croie encore plus coupable. Cependant j'espère qu'on ne vous aura pas grossi mon crime, et qu'on vous aura rapporté fidèlement avec quelle innocence j'ai vu le marquis. C'était l'unique fois que je me serais permis de le voir dans tout le cours de ma vie. O Dieu! ajouta-t-elle en fondant en larmes, faut-il qu'elle ait été si funeste! Faut-il que je puisse me reprocher la mort de M. de B... Je la consolai autant qu'il me fut possible, et j'empêchai son père Amulem de lui parler d'une manière dure qui l'aurait encore plus chagrinée.

Je n'avais point eu jusqu'alors un moment pour penser au marquis. J'étais incertain de ce qu'il était devenu, et j'aurais voulu pouvoir en apprendre quelque chose avant que d'écrire à M. le duc, et de lui rendre compte de notre funeste aventure. J'étais résolu d'envoyer, le matin, quelques domestiques de divers côtés, dans l'espérance qu'ils découvriraient ses traces; mais je fus délivré de cette peine par une lettre qu'on m'apporta de sa part à mon lever. La voici, je n'y change rien.

« Si je n'étais bien sûr, Monsieur, que,
« malgré le préjugé que la vue de deux
« personnes mortes aura pu vous inspirer
« contre moi, vous êtes trop juste et trop
« bon pour me condamner absolument
« sans m'entendre, je m'affligerais sans
« mesure du risque où je me suis exposé
« de perdre votre estime et votre ami-
« tié ; mais je suis persuadé que si vous
« avez eu peine, sur les aparences, à me
« croire tout-à-fait innocent, votre bonté
« me réserve une oreille pour écouter du
« moins ce que j'ai à vous dire pour ma
« défense. Ce n'est point le reproche de
« ma conscience qui m'a fait fuir ; c'est
« seulement la crainte d'augmenter la
« douleur de votre perte, par la vue de
« celui qui en est malheureusement la
« cause. Si je croyais que ma présence ne
« vous fût point devenue trop odieuse,
« je vous proposerais un rendez-vous,
« où j'aurais la satisfaction de vous ou-

« vrir mon ame, et de vous forcer à con-
« venir de mon innocence. Le porteur de
« ce billet vous apprendra le lieu où je
« suis, et recevra vos ordres sur celui où
« vous trouverez à propos que nous nous
« voyions. »

Je n'avais pas fini de lire cette lettre, que j'en reçus une de M. le duc, qui m'était envoyée par un exprès. Elle contenait des marques de son inquiétude sur ce qui pouvait être arrivé au marquis, depuis quatre ou cinq jours qu'il s'était échappé de chez lui. Il le croyait néanmoins, disait-il, auprès de moi, et il me priait de l'en informer sur-le-champ par le même exprès. Je lui fis réponse aussitôt. Comme son courrier n'avait point eu le temps d'être instruit de notre malheur, je n'en touchai rien à M. le duc, me réservant à lui en parler de vive voix. Je me contentai de lui marquer que le marquis était en sûreté, et que dans peu de jours nous serions l'un et l'autre dans ses terres. Je pensai ensuite à la conduite que je devais tenir avec le marquis. Dans le fond, je n'avais pas de peine à comprendre qu'il était peu criminel. Il avait tué M. de B... dans le cas où la nécessité justifie; c'est-à-dire, pour conserver sa propre vie. Son entretien secret avec ma nièce était une faute; mais dont il était moins coupable que ma nièce elle-même et miladi R.... J'ignorais encore les projets d'enlèvement et de fuite qu'il avait formés de concert avec cette dame; ainsi, loin d'être mal disposé à son égard, je le trouvais plus à plaindre qu'à condamner. Je résolus donc de le traiter avec plus de douceur et d'affection qu'il ne semblait s'y attendre. J'appris du porteur de sa lettre le lieu où il était, et je montai aussitôt à cheval pour m'y rendre. C'était le même village où il avait passé les deux jours précédens. Lorsqu'il me vit arriver si tôt, contre son attente, il parut extraordinairement surpris. Il était dans un négligé à faire compassion. Son linge était noir, ses cheveux mal en ordre, ses bas déchirés : en un mot, tout son équipage tel que doit être celui d'un homme qui a passé quatre ou cinq nuits sans se déshabiller et sans prendre de repos. J'affectai de demander à Brissant, qui était à quatre pas de lui, s'il savait où était son maître. Je conçois, Monsieur, me dit-il lui-même, pourquoi vous avez peine à me reconnaître; mais devez-vous être surpris, continua-t-il en me tirant à l'écart, de voir ce dérangement dans mon extérieur, puisque vous n'ignorez pas l'excès de mon trouble et de mes chagrins ? Vous auriez pitié de moi, malgré le mal que je vous ai fait, si vous saviez la douleur que j'en ressens. Je veux vous raconter tout ce qui s'est passé. Soyez après cela mon juge. Je demeurai en silence pour lui laisser toute la liberté de s'exprimer. Il me rapporta tout ce qu'il pouvait m'apprendre sans commettre trop miladi. Il ne me parla point sitôt, par exemple, de la lettre qu'il avait reçue d'elle, ni du projet d'enlèvement qu'elle lui avait inspiré; mais il ne me cacha point qu'ayant appris le mariage de ma nièce, il était venu dans le dessein de le traverser; que s'y étant pris malheureusement trop tard, il avait vu miladi en secret pendant plusieurs nuits; qu'il l'avait engagée, à force de prières, à lui procurer la satisfaction de voir secrettement ma nièce, etc. Par quels sermens, ajouta-t-il, pourrai-je vous persuader que mon unique prétention, dans cette entrevue, était de l'adorer et de pleurer à ses pieds? Hélas! pendant un quart d'heure que je passai avec elle, je n'osai lever mes yeux quatre fois sur les siens. Je n'osai l'accuser d'ingratitude et d'infidélité. Mes soupirs me tinrent lieu de reproches et de plaintes, bien loin de penser au déshonneur de son époux. N'aurais-je pas évité son épée, s'il n'en eût voulu qu'à ma vie? Ce fut bien moins ma conservation que la brutalité avec laquelle il assassina miladi, et la crainte du même traitement pour votre nièce, qui me forcèrent à lui donner la mort. Il est certain qu'elle m'était assurée, si je ne l'eusse pas prévenu; mais je ne sais si j'aurais voulu l'éviter. Le marquis ajouta qu'il ne se trouvait donc coupable en rien à mon égard ; que je ne devais pas le rendre garant d'un malheur qui venait de la brutalité de M. de B... ; que tous ses sentimens pour ma nièce étaient d'une nature à soutenir l'examen du Ciel même ; enfin, que s'il avait quelque chose à se reprocher, c'était moins par rapport à moi, qu'il n'avait jamais cessé d'aimer, quoique j'en eusse usé si durement avec lui, qu'à l'égard de M. le duc son père, qu'il avait abandonné sans l'avertir, et qui était sans doute alarmé de son absence. Après s'être ainsi efforcé de se justifier, il se tut pour attendre ma réponse. Il me parut si tranquille sur son innocence, que je résolus de l'effrayer un peu. Je le fis néanmoins sans affectation. Je lui répondis que, quelque horrible que fût le malheur qu'il venait de causer dans ma famille, je voulais bien mettre quelque distinction entre ses fautes et celles de la fortune ; que je ne lui faisais un crime ni de la mort de M. de B..., que cet infortuné gentilhomme paraissait s'être attirée, ni de ses intentions par rapport à ma nièce, puisqu'il me protestait qu'elles avaient été innocentes; mais si vous n'avez pu vous dispenser, lui dis-je, d'ôter la vie à M. de B... pour défendre la vôtre, comment vous justifierez-vous d'en être venu chercher témérairement l'occasion? Quel désordre, ou plutôt quel excès de folie d'avoir quitté furtivement M. le duc, et d'être venu, sans autre motif qu'une aveugle et inutile passion, vous précipiter dans mille périls. J'accorde que vous ne les avez pas prévus; mais n'est-ce pas en cela même que vous avez manqué de conduite et de jugement? Une démarche si légère et si déréglée pouvait-elle vous mener à une heureuse fin? Considérez quelles en vont être les suites. En premier lieu, j'y vois une tache irréparable pour votre caractère et pour votre réputation. Le monde ne se fait point expliquer les motifs : on ne verra dans vous que le meurtrier de mon neveu; c'est-à-dire du neveu d'un homme que vous deviez aimer comme un second père : vous l'avez tué dans ma maison et presque sous mes yeux. Quelle horrible reconnaissance pour la tendresse et l'attachement que je vous ai marqués! D'un autre côté, vous m'avez mis dans la nécessité de rompre tous les engagemens que j'ai pris avec votre famille pour votre éducation; car vous devez voir qu'il ne saurait y avoir de liaison désormais entre nous. Ce n'est pas pour un ingrat qui s'est rendu l'assassin de mon neveu, que j'irai prodiguer le reste de mes forces et de ma vie; je ne le pourrais pas même avec bienséance. Enfin, quelle réception devez-vous attendre de M. le duc, lorsqu'il sera informé de ce qui vient d'arriver? Il est déjà irrité de votre absence; j'ai reçu ce matin une lettre de lui par un exprès. Je connais son caractère: s'il a de la tendresse pour vous lorsqu'il vous voit attaché à votre devoir, ne comptez pas qu'il laisse vos désordres sans punition. Voilà, Monsieur, ajoutai-je, ce que j'avais à vous dire, et ce qui m'a engagé à venir vous parler ici pour la dernière fois. Tout autre que moi n'y serait venu peut-être que pour se saisir de votre personne, et vous livrer aux mains de la justice, qui punit, comme vous savez, les homicides; mais je sacrifie mes ressentimens au souvenir des liens qui m'attachaient à vous. Retournez chez M. votre père, et soyez assuré que je ne ferai nulle poursuite contre votre vie.

En finissant ce discours, je feignis de vouloir me faire amener mon cheval, et de me disposer à partir. Il m'arrêta d'un air troublé et inquiet. Ne m'abandonnez pas, me dit-il, si vous aimez ma vie; car je ne vous laisse voir que la moitié de mes peines, et je ne sais de quoi elles peuvent me rendre capabe. Je lui répondis que je ne voyais point quelles si grandes peines il pouvait avoir, hors celles du repentir. Ou repentir ou désespoir, reprit-il, elles sont telles, que si vous êtes résolu, comme vous dites, à m'abandonner et à me laisser retourner seul chez mon père, je prends dès ce moment le parti de sortir du royaume, et d'aller partout où il plaira au Ciel de me conduire. Hé bien, lui dis-je, je consens à vous reconduire chez M. le duc. Je vous remettrai entre ses mains. J'aurai ainsi répondu jusqu'à la fin à la confiance avec laquelle il s'était déchargé sur moi de tous les soins paternels. Plût à Dieu que vous ne m'eussiez pas contraint de quitter une qualité que j'avais acceptée si volontiers. Ma promesse le tranquillisa un peu. Je le priai de m'attendre le reste du jour au même lieu, et d'y prendre quelque repos jusqu'au lendemain, que je viendrais le rejoindre. Comme j'étais prêt à remonter à cheval, il me tira encore un moment à l'écart : Je crains, me dit-il, de vous offenser de nouveau en vous parlant de votre nièce; mais puisque vous n'ignorez pas l'ardeur de ma passion pour elle, ayez la bonté de m'apprendre en quel état vous l'avez laissée. Je lui répondis naturellement qu'elle était en bonne santé à mon départ.

Je trouvai en effet, étant de retour au logis, qu'elle n'avait point d'autre incommodité que beaucoup d'affliction; mais

il en était bien autrement de miladi R....
Le chirurgien, en levant le premier appareil, nous déclara que sa blessure était mortelle. Elle ne parut pas surprise ni fâchée de cette nouvelle. Au contraire, s'étant tournée vers moi, elle me dit qu'elle remerciait le Ciel de la retirer du monde plus tôt qu'elle n'espérait; qu'elle avait désiré la mort tant de fois, que sa présence ne lui causait point de frayeur; qu'elle demandait pardon à ma famille du trouble qu'elle y avait apporté; que pour ce qui regardait la mort de M. de B..., elle nous conjurait de ne pas la rejeter sur elle, parce qu'il n'y avait rien eu de criminel dans toutes ses vues; qu'elle n'avait rien fait que par amitié pour Nadine, et par compassion pour le marquis, et qu'elle se promettait de la bonté du Ciel qu'il ne punirait point ces deux faiblesses comme il punit les crimes. Elle nous pria ensuite de recevoir ses deux dernières volontés : par l'une, elle faisait Nadine héritière des deux tiers de tout ce qu'elle possédait; et par l'au-

tre, elle en léguait la troisième partie aux pauvres et aux malades de la paroisse de ma fille. Elle mourut avant la fin de la nuit dans des douleurs très-vives. Je la plaignis sincèrement. Pour une dame de son rang et de son mérite, sa vie avait été extrêmement malheureuse. Sa mort ne l'était pas moins. Elle se l'était sans doute attirée par quelques démarches irrégulières ; mais il était aisé de voir qu'il y entrait moins de malice que de faiblesse. Elle n'avait jamais su prendre d'empire sur ses passions, et elle s'était toujours laissé conduire par les caprices de l'amour ou de la haine. Tel est le caractère de la plupart des belles femmes, sur tout celles qui ont moins de raison et de vertu que de beauté. Leurs charmes, ces précieux dons du Ciel, leur deviennent plus funestes qu'aux malheureux amans qu'elles mettent dans leurs fers ; toute leur vie se passe dans les agitations que leur cause le désir de plaire, ou le chagrin amer de se voir négligées. La passion la plus déréglée de leurs amans ne les expose pas à plus de vicissitudes que leur propre légèreté. Mais s'il arrive avec cela qu'elles ayent reçu de la nature un cœur tendre, c'est le comble de l'infortune pour elles, parce qu'elles sont alors tout ensemble la victime de leur propre faiblesse, et le jouet des idoles de leur cœur. Elles ont deux guides aveugles et bizarres: cur propre passion, et celle des objets qu'elles chérissent. L'amour, qui est toujours un tyran cruel, les traite en esclaves, en même temps qu'il les fait servir à étendre son pouvoir, et qu'il les employe comme ses ministres.

Sa mort ne m'empêcha point de partir le lendemain au matin. Je laissai à mon gendre et à ma fille le soin des funérailles, qui se firent simplement et à petit bruit. Le marquis m'attendait avec le seul Brissant: il avait renvoyé les trois autres personnes de sa suite, de peur que je ne soupçonnasse quelque chose du dessein qu'il avait eu. En chemin, il employa ce qu'il y a de plus tendre dans les manières, et de plus pressant dans les expressions, pour obtenir que je ne me plaignisse point de sa conduite à M. son père. Il me fit souvenir du respect qu'il avait toujours eu pour moi, et de la docilité avec laquelle il avait reçu tous mes conseils. Pour me convaincre de la sincérité de son cœur, il me confessa toutes ses fautes, et même celles, me dit-il, qu'il avait eu dessein de me cacher. Ce fut alors qu'il m'apprit les mesures qu'il avait prises pour enlever ma nièce; mais il me protesta que sa résolution n'était pas de l'épouser sans mon consentement et sans celui de M. le duc; qu'il l'aurait conduite dans un couvent, pour rompre seulement son mariage avec M. de B...; qu'il serait retourné ensuite à son devoir; et que s'il eût tâché de me fléchir, ce n'eût été que par ses prières et par ses larmes; que pourvu que je voulusse m'expliquer avec bonté sur son sujet, il ne désespérait point d'amener M. le duc à ses désirs; qu'il s'était entretenu plusieurs fois avec lui sur son malheur d'Espagne, et que loin de lui reprocher sa passion pour dona Diana, il avait regretté amèrement sa perte; que ma nièce lui plairait infailliblement, si l'on pouvait ménager une occasion de la lui faire voir; que ce n'était pas une chose difficile, ni pour laquelle je dusse avoir de l'éloignement; en un mot, que si je consentais à me prêter un peu, il ne doutait pas qu'il ne pût parvenir à l'épouser par des voies honnêtes, avec l'approbation de M. le duc et de toute sa famille. Je lui répondis qu'il joignait ensemble bien des choses qui ne s'accordaient guère; qu'il avait besoin du pardon de M. son père, et qu'il parlait de lui demander des grâces; qu'il me proposait de s'allier avec ma famille, et qu'il avait rompu les liens qu'il avait avec moi; qu'il souhaitait d'épouser ma nièce, et qu'il venait de massacrer son époux. J'avais cru l'embarrasser par cette réponse; mais, sans paraître suspendu un seul moment, il reprit, avec une effusion de cœur qui me fit connaître mieux que jamais son excellent naturel : Il est vrai que je suis coupable; mais rien ne peut m'empêcher de compter éternellement sur votre bonté, sur celle de mon père, et sur celle de votre nièce. J'avoue que je fus vivement touché de cette tendre marque de confiance; cependant, pour continuer à faire mon devoir et à le ramener au sien, je lui dis que, quoique je ne voulusse point lui ôter l'opinion qu'il avait de l'amitié de M. le duc et de la mienne, je souhaitais néanmoins qu'il ne s'en fît point une fausse idée; qu'il connaissait M. le duc; qu'il devait le regarder comme un homme inflexible dans ses justes volontés; et que pour moi, s'il avait appris à me connaître, dans le commerce étroit que nous avions eu l'un avec l'autre, il ne se flatterait pas de me voir relâcher un moment de ce que j'avais une fois regardé comme mon devoir. Vous êtes donc résolu de me quitter, me dit-il tristement? Encore une fois, répliquai-je, je suis résolu de faire mon devoir. Je ne pus cependant refuser de lui promettre que je donnerais le meilleur tour qu'il serait possible à son absence, et au malheureux accident que son imprudence avait causé chez ma fille.

Nous trouvâmes une nombreuse compagnie dans le château de M. le duc. C'était la fête du saint de la paroisse, qu'il se faisait un plaisir de célébrer à la manière de la campagne. Il avait invité toute la noblesse du voisinage. Le marquis fut assiégé de complimens à notre arrivée. Je profitai de ce temps pour entretenir M. le duc en particulier. Il apprit avec surprise les premières nouvelles de l'aventure du marquis. J'oubliai les intérêts de ma famille, pour ne lui raconter la chose que de la manière la plus favorable à son fils. Il entrevit néanmoins l'excès de ma complaisance, et il me fit paraître qu'il y était fort sensible : mais ayant continué à lui dire que quelque attachement que je conservasse pour le marquis, je me croyais obligé, par la bienséance, de renoncer à sa conduite et au soin de son éducation, je commençai à l'affliger véritablement. Il me demanda si c'était bien sérieusement que je me crusse obligé de prendre cette résolution. Elle me paraissait si indispensable, que je ne tardai point à lui répondre qu'il était également de mon honneur et du sien que cette séparation se fît; que la réputation du marquis n'en recevrait nulle atteinte, parce que le public n'ignorait point de quelle manière j'en avais usé avec lui depuis la mort de mon neveu, et qu'on jugerait avec raison que lui en ayant marqué si peu de ressentiment, c'était un témoignage que je ne lui en faisais point un crime; mais que cela n'empêchait point qu'après un si tragique accident, nous ne dussions garder des mesures, ne fût-ce que pour déférer en quelque chose aux idées populaires; que je n'en aurais pas moins de respect pour son illustre maison, ni en particulier moins d'affection pour le marquis; que je ne me priverais pas même du plaisir de le voir souvent, et de lui renouveler le souvenir de mes instructions; enfin, qu'à la réserve d'une liaison aussi étroite que celle de vivre et de voyager ensemble, il n'y aurait nul changement dans mes sentimens et dans mes manières. J'ajoutai que mon intention, d'ailleurs, n'était pas de demeurer plus long-temps dans le monde; que je soupirais après la solitude d'où le désir de l'obliger m'avait fait sortir; que mon âge, mes dernières fatigues et mes nouveaux chagrins me rendaient plus que jamais la retraite nécessaire; que je promettais à Dieu d'y rentrer aussitôt que mon beau-frère aurait repris le chemin de l'Asie, et que je balançais même si je tiendrais la promesse que je lui avais faite de le conduire jusqu'à Vienne.

M. le duc eut peine à goûter mes raisons. Il employa tout son esprit pour en affaiblir la force; et voyant qu'elles faisaient toujours la même impression sur moi, il me fit cette proposition. J'ai ici actuellement quinze ou seize personnes de qualité, qui ont de l'esprit et de l'usage du monde. Consultons-les sur le cas où vous êtes. S'ils jugent, comme vous, que l'honneur ne vous permet point de demeurer plus long-temps avec mon fils, je cesserai de vous importuner par mes instances. Je répondis en riant que le respect qu'ils avaient pour lui ne manquerait pas de faire pancher la balance. Nullement, me dit-il, j'intéresserai leur honneur à me dire naturellement ce qu'ils pensent. Je veux même que ma voix et celle de mon fils soient comptées pour rien. Ils seront nos juges ; et si leurs sentimens se partagent, nous nous réglerons sur la pluralité. Je me rendis à sa volonté.

Il fit assembler sur-le-champ tout ce qu'il y avait d'étrangers chez lui. Il s'y en trouva treize, la plupart d'une grande distinction. M. le duc commença par leur apprendre la mort de mon neveu, avec toute les circonstances de cet accident. Il leur proposa ensuite notre difficulté ; et pour prévenir la complaisance et la faveur, il pria chacun de donner sa voix en particulier par écrit. Cette cérémonie extraordinaire fut terminée en un moment. De treize voix, douze me furent favorables. M. le duc souscrivit à ce jugement : il se contenta de m'en marquer beaucoup de regret dans les termes les plus honnêtes et les plus tendres. Le marquis en fut si chagrin, qu'il se retira sur-le-champ de l'assemblée. Je le suivis. En sortant, il me dit la larme à l'œil : Je me suis donc trompé cruellement, Monsieur, en croyant avoir acquis un ami sincère et fidèle. Je le priai de m'écouter : Je vous ai donné jusqu'à présent, lui répondis-je, toutes les marques d'amitié qui ont dépendu de mon pouvoir, et le Ciel m'est témoin qu'il n'y en a point que je ne sois encore disposé à vous donner : je n'en excepte point ma vie. Si vous avez donc quelque reproche à me faire, il ne peut tomber que sur la résolution que j'ai prise de me séparer de vous : or, examinez lequel de vous ou de moi est le plus à plaindre; ou vous, qui ne perdez en moi qu'un homme ordinaire, dont l'unique mérite est la droiture et la probité; ou moi, qui perds en vous un cher fils, dont le commerce faisait la principale douceur de ma vie. Ce que je dis est pour vous faire comprendre que je ne vous quitte point sans regret ni sans de puissantes raisons. J'en ai même de plus fortes que celle que j'ai apportée à M. le duc, quoi qu'elle ait paru suffisante à tant d'honnêtes gens qui sont chez vous. Faites donc assez de fond sur les assurances que je vous donne, pour vous persuader que ce n'est ni mécontentement, ni défaut d'amitié, ni défiance de la vôtre, qui m'oblige à vous quitter.

Comme je me trouvais seul avec lui, je le fis entrer dans le jardin, où nous nous assîmes dans une allée couverte, et je continuai ainsi à lui parler. Recevez ici, mon cher marquis, les derniers sentimens de ma tendresse, ou plutôt ses dernières expressions; car le sentiment n'en finira qu'avec ma vie. J'oublie tous les petits égaremens où vous êtes tombé pour n'avoir pas toujours suivi mes conseils; j'en accuse la vivacité de votre âge : j'oublie les dernières douleurs que vous m'avez causées : je sais à quelle source je dois les rapporter. Votre esprit est droit et sans artifice; votre cœur est sincère, bienfaisant, généreux : il est tel qu'il faut pour faire de vous le plus aimable et le plus vertueux de tous les hommes. O Dieu!

m'écriai-je, en m'interrompant moi-même pour faire sur lui plus d'impression, pourquoi permettez-vous que les plus parfaits ouvrages de vos mains puissent être corrompus par les passions, et défigurés par le vice ! Sans ces cruels ennemis, que d'heureux naturels se porteraient à la vertu par inclination ! que de fruits d'honneur, de sagesse et de modération n'en recueillirait-on pas pour l'avantage général de la société humaine ! L'amour seul est capable de les détruire. O mon cher marquis ! armez-vous de courage contre cette honteuse faiblesse. Hélas ! je sais que le poison est dans le fond de votre cœur. Voyez les effets funestes qu'il a déjà produits ; en moins de six semaines il vous a fait plonger vos mains trois fois dans le sang. L'amour est violent, il est injuste, il est cruel, il est capable de tous les excès, et il s'y livre sans remords. Délivrez-vous de l'amour, et je vous vois presque sans défauts. L'âge mûrira vos vertus. Il vous apportera le mérite de les exercer avec connaissance ; vous deviendrez honnête homme par principe, c'est-à-dire, d'une probité constante et inébranlable; car la raison fortifie la nature: et lorsqu'elles se prêtent ainsi leur secours, elles forment les grands hommes et les vertus parfaites.

Je parlais au marquis avec un mouvement si animé, que je n'apercevais point un laquais qui était auprès de moi et qui n'osait m'interrompre. Il venait, par l'ordre de M. le duc, nous prier de retourner à la salle. On nous y attendait pour être présens au récit d'une histoire qui devait être racontée par un gentilhomme de la compagnie. L'occasion en était venue plaisamment. Comme on s'entretenait de la résolution que j'avais prise de quitter le marquis, et qu'on admirait qu'il m'eût manqué une des treize voix pour l'approuver, celui qui m'avait refusé la sienne se déclara hautement : C'est moi, dit-il, qui n'ai pas cru devoir être du sentiment des autres ; mais vous ne serez pas surpris, Messieurs, de cette singularité, si vous avez la patience d'en vouloir entendre les raisons. Je me suis trouvé dans un cas semblable en quelque chose à celui dont il est question ; et comme j'ai pris un parti tout différent de celui pour lequel vous vous êtes déclarés, il m'a paru que mon opinion devait être conforme à ma conduite. Il offrit à M. le duc de lui raconter son histoire : elle était connue de quelques personnes de l'assemblée, qui la crurent assez agréable pour proposer de nous faire avertir. Le gentilhomme se nommait M. de Sauvebœuf : il commença ainsi son récit.

— Après la mort de mon père et de ma mère, j'étais demeuré seul héritier de ma famille, avec une sœur agée d'environ six ou sept ans. J'en avais alors vingt-deux, et j'étais déjà capitaine de cavalerie. Mon emploi ne me permettant point de veiller à l'éducation de ma sœur, mon père avait prié en mourant un riche gentilhomme de nos voisins, qui avait une fille à peu près du même âge, de les faire élever ensemble, et de tenir lieu de père à ma sœur, jusqu'à ce qu'elle eût atteint le temps de penser au mariage. Cet honnête gentilhomme, dont le nom était M. d'Erletan, entra de bon cœur dans les dernières intentions d'un ami mourant. Il prit ma sœur chez lui, et il n'eut pas moins de tendresse pour elle que pour sa propre fille. Il avait, outre cette enfant, deux fils d'un âge peu différent du mien. J'étais lié d'amitié avec eux. Il ne se passait point d'année que je ne retournasse pour quelques mois dans la province ; et m'ennuyant de demeurer seul chez moi, j'étais continuellement chez messieurs d'Erletan : ils m'y obligeaient d'ailleurs par leurs honnêtetés. Je prenais plaisir aux différences sensibles que sept ou huit mois d'absence me faisaient apercevoir tous les ans dans ma sœur. Ses traits se développaient, sa taille commençait à se former ; en peu d'années elle devint assez aimable pour attirer les yeux des jeunes d'Erletan. Ils prirent de la passion pour elle tous deux presque en même-temps. L'aîné portait le nom de la famille, et l'autre s'appelait d'Olingry. Il était impossible qu'étant l'un et l'autre avec la même inclination dans le cœur, et n'ayant que les mêmes occasions de la déclarer, ils ne se reconnussent pas bientôt pour rivaux. Cette connaissance ne les empêcha point d'être amis. Ils avaient toujours été mieux ensemble que ne le sont communément des frères du même âge. Cependant, comme ils ne pouvaient prétendre tous deux à l'affection de ma sœur, ils se promirent mutuellement de faire dépendre leur bonheur de son choix, et son choix de leurs services; de sorte que le malheureux devait céder la place, sans murmurer de son sort. Leur passion sans doute était encore bien loin de l'excès, lorsqu'ils faisaient entre eux cet accord tranquille, ou du moins ils connaissaient peu l'amour, s'ils se crurent capables de l'observer. Ils avaient ajouté au traité, qu'on se rendrait compte de bonne foi des progrès qu'on aurait fait, et que, de part et d'autre, on serait disposé à voir le triomphe d'un frère, sans le regarder sous l'odieuse qualité de rival. Ma sœur devint l'objet de tous leurs soins : ils dressèrent leurs attaques avec méthode. Leur amitié se soutint long-temps si parfaite, qu'ils conféraient ensemble sur les moyens de l'attendrir, et quoi qu'ils parussent agir diversement, les deux systèmes étaient l'effet de leurs résolutions communes. Ils furent même fidèles assez long-temps à se communiquer leurs plus secrettes dispositions; mais cela ne dura qu'autant que leur fortune fut égale, et que l'inclination de ma sœur tarda à se déclarer. L'aîné d'Erletan fut préféré par l'amour; d'Olingry s'en aperçut. Il était vif et violent. peut-être même n'avait-il pas des vues aussi honnêtes que son frère; l'événément du moins a donné lieu de le juger. La froideur prit bientôt entre eux la place de l'amitié. D'Erletan fut le premier qui parut plus réservé : c'était moins par haine que par considération pour son frère : il n'avait nulle raison de l'aimer moins; il voulait lui épargner seulement le chagrin d'apprendre sa mauvaise fortune de la bouche d'un rival heureux.

Cependant d'Olingry, qui vit ce changement dans la conduite de son aîné, découvrit sans peine à quelle cause il devait l'attribuer. Il était trop emporté pour garder des mesures. Il querella son frère, en lui reprochant sa dissimulation et sa mauvaise foi. Celui-ci protesta en vain que son déguisement venait de pure amitié. Il ne put appaiser, par ses soumissions, ce cœur fier qui se désespérait d'être supplanté, et qui prenait toutes ses caresses pour de nouvelles insultes.

Leurs affaires étaient dans cette situation, continua M. de Sauvebœuf, lorsque j'arrivai à Erletan. La division des deux frères fut une des premières choses dont je m'aperçus. Je les aimais tendrement : j'employai tous mes efforts pour les réconcilier. L'opiniâtreté de leur haine me rendit si attentif à toutes leurs démarches, que je découvris enfin la cause secrette qui les divisait. Je tremblai pour ma sœur : elle m'était plus chère que moi-même. Je la priai avec instance de m'apprendre tout qu'elle savait de ce fatal mystère. Je ne remarquai que trop, par son embarras, qu'elle y était elle-même intéressée; et quoique je tirasse d'elle quelques aveux vagues et incertains, il m'était aisé de voir que la moitié de la vérité demeurait au fond de son cœur. Mon inquiétude devint si forte, que je pris la résolution de la tirer de chez M. d'Erletan. Je ne me défiais point absolument de sa sagesse; mais je la voyais exposée à un danger inutile : elle n'était point en partie assez riche pour l'aîné des deux frères, et la mauvaise humeur de d'Olingry me faisait connaître manifestement qu'il n'était point l'amant favorisé. Je la priai donc de se préparer au départ; et pour ne rien faire qui sentît l'affectation, je représentai à M. d'Erletan le père, que ma maison et mes affaires ayant besoin d'un guide, ma sœur était en âge d'en prendre la conduite. D'Erletan l'aîné appréhenda que cet éloignement ne lui fît perdre sa conquête. Ses vues étaient pleines d'honneur; il aurait épousé ma sœur sans balancer, si la crainte de déplaire à son père, et un reste de considération pour le malheureux d'Olingry ne l'eussent arrêté. Se voyant néanmoins à la veille d'être séparé d'elle, et se défiant de la violence de son frère, l'amour éteignit tous ses scrupules. Il lui proposa de l'épouser secrètement avant son départ; elle y consentit. Ils se firent marier le soir même, par le curé de la paroisse, dans la chapelle du château. Quelque attention qu'eût sans cesse d'Olingry à veiller sur leurs démarches, ils avaient pris de si justes mesures, qu'il n'eut pas le moindre soupçon de leur mariage ; mais ils s'observèrent moins après la cérémonie; de sorte que s'étant arrêtés dans un vestibule pour concerter de quelle manière ils pourraient passer la nuit ensemble, le mauvais génie de nos deux familles l'amena assez proche d'eux pour entendre une partie de leur discours. Ma sœur couchait ordinairement dans une chambre qui touchait à celle de monsieur d'Erletan le père. Sa femme de chambre, qui était dans le secret du mariage, couchait dans un cabinet voisin.

D'Erletan convint avec ma sœur qu'à l'heure où chacun se met au lit, il se rendrait à sa chambre, et qu'à un certain signal elle lui ferait ouvrir sa porte. Ils se séparèrent ensuite, pour ne pas donner lieu aux soupçons.

On a toujours rendu cette justice à d'Olingry, qu'il n'avait pas la moindre connaissance de leur mariage; sans quoi il faudrait regarder la résolution qu'il forma comme un prodige d'horreur et d'inhumanité. Il se figura sans doute que ma sœur s'était laissé séduire par d'Erletan, et qu'elle consentait au sacrifice de son honneur. La rage de voir son frère si heureux, lui fit perdre toute considération. Il résolut d'emporter par adresse ce qu'il croyait que l'autre devait aussi à ses artifices; en un mot, il espéra qu'à la faveur du silence et de l'obscurité, il pourrait passer pour d'Erletan, et occuper la place que ma sœur lui destinait. Il ne manqua pas d'inventions pour le tenir éloigné pendant une partie de la nuit. Son horrible dessein réussit au-delà de ses espérances. Ma sœur aida elle-même à se tromper, en lui recommandant le silence, dans la crainte d'éveiller M. d'Erletan le père. D'Olingry se rendit ainsi le plus criminel de tous les hommes, en violant impunément les droits les plus sacrés. D'Erletan s'impatientait pendant ce temps-là de l'obstacle imprévu qui l'avait arrêté. Il ne se vit pas plutôt libre, qu'il courut à la chambre de ma sœur, et qu'il donna le signal pour se faire ouvrir. Il redoubla plusieurs fois pour être entendu. Enfin la femme de chambre s'étant approchée de la porte, et ayant demandé doucement qui c'était, il crut se faire un mérite en marquant par des termes fort vifs le chagrin qu'il avait eu de ne pouvoir venir plus tôt. Cette femme, qui croyait d'Erletan entre les bras de sa maîtresse, le repoussa rudement ; et s'imaginant même que c'était d'Olingry, elle le railla malignement sur l'espérance qu'il avait de coucher avec ma sœur : elle lui dit quelques paroles offensantes sur la folie et l'inutilité de ses prétentions. Tout cela se passait dans l'obscurité. D'Erletan, piqué jusqu'au vif, se retira en maudissant l'inconstance des femmes. Sa colère alla jusqu'à lui persuader que le dessein de ma sœur était de prendre avec lui des airs de hauteur et d'empire, et qu'elle avait voulu la première nuit de ses noces lui faire faire un essai d'esclavage. Il n'y a point d'excès où l'amour irrité ne puisse se porter. Il retourna dans sa chambre plein de ressentiment, et en formant mille projets de vengeance.

Lorsque la passion de d'Olingry fut satisfaite, il quitta ma sœur assez froidement, sous prétexte de ne pas l'exposer en demeurant jusqu'au jour avec elle. Il alla s'applaudir ailleurs du succès de son crime, ou peut-être en sentait-il déjà le remords. Le reste de la nuit se passa tranquillement. Le lendemain matin, étant descendu par hasard pour aller prendre l'air au jardin, je rencontrai ma sœur dans un salon, seule, et qui fondait en larmes. Ma présence parut redoubler sa douleur. Etant extrêmement ému de ce spectacle, je lui en demandai la cause avec empressement. Elle fut embarrassée à me répondre. Ce n'est rien, me dit-elle, ce sont des accès de tristesse qui me saisissent quelquefois. Comme son air et ses soupirs la trahissaient, j'eus le pressentiment de quelque aventure funeste, et je la pressai si fort, en mêlant les caresses et les menaces, qu'elle consentit à m'ouvrir son cœur, à condition, me dit-elle, que je garderais un secret inviolable. Je lui promis tout ce qu'elle voulut. Tant de précautions me faisaient attendre un étrange secret. Enfin elle me découvrit son amour pour l'aîné d'Erletan, et son mariage qui s'était fait la veille. Je l'ai reçu, continua-t-elle, cette nuit dans ma chambre; il m'a comblée de caresses; je me croyais la plus heureuse de toutes les femmes. Comme il a été obligé de me quitter vers le jour, je me suis levée plus tôt qu'à l'ordinaire, par le seul empressement de le revoir. Je viens de le rencontrer ici. Oh! mon frère, ajouta-t-elle, en me renouvelant ses soupirs, que les hommes sont faux et méchans! Lorsque j'allais au-devant de lui les bras ouverts pour l'embrasser avec toute ma tendresse, il m'a repoussée d'un air méprisant, il m'a fait les menaces les plus effrayantes; enfin, il m'a traitée avec une dureté qui me fait mourir. Je me suis jetée à ses genoux pour l'arrêter; mais loin d'être ému par mes pleurs, il m'a écartée de lui si rudement, que je suis tombée par terre, et il a eu la barbarie de m'abandonner dans cet état. Oh! me dit-elle, en pouvant à peine prononcer, il faut que je meure; mon cœur est brisé cruellement : il m'est impossible de vivre avec la peine que je souffre. Je fus saisi de ce discours jusqu'à demeurer quelque temps immobile. Ma rage peut mieux être conçue qu'exprimée. Le traître! m'écriai-je, quoi! il vous a indignement poussée par terre, et il a eu la cruauté de vous y laisser? Ah! fût-il au fond des enfers, je lui arracherai le cœur de mes propres mains. Elle fit inutilement des efforts pour m'arrêter, en me représentant que je lui avais juré le secret; que tout barbare qu'il était, elle l'aimait encore, et qu'elle lui pardonnerait même sa mort. Je m'échappai de ses mains, résolu de plonger mon épée dans le cœur au lâche d'Erletan, sans lui donner même le temps de tirer la sienne. La première personne que je rencontrai fut M. d'Erletan le père, qui me demanda si je n'avais pas vu son fils aîné. Non, lui répondis-je d'un air furieux; mais je le cherche, et si vous le voyez avant moi, vous verrez un lâche et un coquin. A quoi tient-il, ajoutai-je, en portant la main sur mon épée, que je ne te perce toi-même de mille coups, pour avoir donné la vie à cet exécrable monstre. M. d'Erletan fut si effrayé de mon action, qu'il demeura sans réplique. Je le considérai un moment avec un regard troublé; enfin mes yeux s'éclaircirent. Ce bon vieillard me fit pitié. J'eus honte d'avoir outragé un homme qui nous avait servi de père à moi et à ma sœur. Ah! lui dis-je, en l'embrassant, pardonnez cette folie à mon transport : je suis un malheureux de vous avoir insulté mal à propos. C'est votre indigne fils qui va me payer pour tout, ajoutai-je en voulant le quitter. Il employa toute sa force pour m'arrêter. Il me conjura de lui apprendre ce qui causait le trouble où il me voyait, en m'assurant que si son fils m'avait offensé, il l'obligerait à me faire des réparations dont je serais content. M'avoir offensé ? repris-je, le lâche n'oserait ; il n'est capable que d'insulter des femmes. Il a outragé ma sœur, et il ne tardera guère à en être puni. Ma fureur était telle, que je voulais m'échapper absolument des mains de ce bon homme. Cependant il obtint de moi que je lui expliquerais du moins en deux mots l'injure faite à ma sœur. Votre fils l'a épousée, lui dis-je, et il l'a.... Épousé votre sœur! interrompit-il avec surprise. Oui, ma sœur, continuai-je, qui est d'aussi ancienne et d'aussi honnête maison que vous, et dont l'alliance ne ferait point déshonneur à un prince. Il l'épousa hier au soir, et il l'a traitée aujourd'hui comme il n'appartient qu'à un lâche et à un malhonnête homme. Je vous ferai justice, répliqua-t-il promptement : s'il l'a épousée, c'est une affaire finie, je prétends qu'il en use bien avec elle ; mais je vous conjure, ajouta-t-il, par la mémoire de votre père, de me laisser prendre plus de connaissance de cette affaire. Je vous engage ma foi que vous serez content de la justice que je vous ferai. Je punirai mon fils, je le mettrai dans son devoir : Je ne vous demande qu'un délai de quelques momens. Ses instances furent si vives et si pressantes, qu'elles eurent le pouvoir de me calmer un peu. Je lui promis de me retirer dans ma chambre, et de lui accorder le temps de faire ses efforts pour faire prendre de meilleures manières à son fils.

Pendant que ce funeste malentendu m'allait faire égorger ainsi l'aîné d'Erletan, son malheureux frère apprit par un domestique quelque chose de ce qui s'était passé entre son père et moi. Il venait sans doute pour en être mieux instruit, lorsque je m'en retournai à ma chambre.

Je le rencontrai sur l'escalier. Il rougit en me voyant, et il me demanda s'il était arrivé quelque chose de nouveau dans la maison. J'étais encore trop plein de mon ressentiment, pour en faire un mystère à personne. Je lui racontai l'histoire du mariage de ma sœur, et de la conduite barbare de son frère, en accompagnant ma narration de toutes les marques de ma colère et de ma haine contre d'Erletan. Je faisais peu d'attention aux mouvemens que ce récit pouvait produire sur son visage; mais à peine eus-je fini, qu'il s'écria d'un ton plus funeste que je ne puis dire : Juste Ciel ! quelles horreurs ! par qui cette sanglante tragédie commence-t-elle ! Il me quitta sans ajouter un seul mot. Occupé comme j'étais de mes peines, je ne remarquai point ce qu'il devint. Je me renfermai dans ma chambre, où je demeurai jusqu'à ce qu'on vînt m'avertir pour assister à la plus terrible et la plus touchante de toutes les scènes. Messieurs, nous dit M. de Sauvebœuf, vous êtes dans un moment à la catastrophe.

D'Olingry, continua-t-il, n'eut point besoin d'une plus grande explication pour connaître son crime, ni pour en voir tout d'un coup les tristes conséquences. Il comprit qu'il n'y avait qu'un seul moyen de les éviter : c'était de confesser sa faute à ma sœur, et de l'engager au silence pour leur commun intérêt. Il résolut de tenter cette voie avant que de se porter à des extrémités qu'il méditait déjà. Il alla donc la trouver. Il demanda à l'entretenir seule. Quoiqu'il fût naturellement hardi, il ne s'expliqua qu'en tremblant. Ma sœur m'a dit avant sa mort, que quelque éloignée qu'elle fût de s'imaginer la perfidie dont il venait s'accuser, elle avait tremblé elle-même en voyant l'air égaré de ses yeux et la pâleur de son visage au moment qu'il commença à parler. Elle lui épargna la peine d'achever son récit : trois mots suffisaient pour le faire entendre. Elle jeta un cri perçant qui attira auprès d'elle tous ceux qui étaient dans les chambres voisines. Ils la trouvèrent dans un évanouissement qui différait fort peu de la mort. D'Olingry crut devoir se retirer. Lorsqu'elle eut un peu rappelé ses esprits, elle s'abandonna à tous les mouvemens de la douleur et du désespoir. Son cher d'Erletan lui était ravi pour toujours; elle s'était plainte de sa rigueur, et c'était elle maintenant qui se trouvait si coupable, qu'elle devait éviter éternellement sa présence; elle l'appelait néanmoins à son secours, elle prononçait son nom mille fois; de sorte que ses femmes, qui ignoraient de quoi il était question, se crurent obligées de le faire avertir. On le chercha long-temps sans le pouvoir trouver. Il s'était enfoncé dans le bois avec son père, pour s'entretenir de ses chagrins. D'Erletan avait le cœur bon et généreux; et, malgré sa colère, qui lui paraissait juste, il aimait encore éperdument ma sœur. Quoique tous les discours de son père n'eussent pu fléchir son esprit et le porter à la réconciliation, il ne put apprendre l'état où elle était, et qu'elle désirait si ardemment de le voir, sans être ému de la plus tendre compassion. Il accourut à elle. Son père le laissa aller seul, s'imaginant que le moment de la paix était venu. Il s'approcha de son épouse d'un air plus soumis que s'il eût été réellement l'offenseur. Elle, qui le croyait instruit de son malheur et de sa honte, et qui n'attribuait qu'à cette connaissance la manière dont il l'avait traitée le matin, paraissait de son côté tremblante et humiliée; de sorte que cette étrange entrevue n'avait pu être expliquée que par d'Olingry, le misérable auteur de tant d'infortunes. Cependant, s'il n'échappa rien d'assez clair à ma sœur pour porter d'odieuses lumières dans l'esprit de son époux, l'obscurité même de ses expressions fut un nouveau tourment pour lui. Il ne pouvait concevoir pourquoi elle refusait ses caresses et la main qu'il lui offrait pour se réconcilier, dans le temps même qu'elle paraissait contente de le revoir tendre et amoureux. Il découvrait en elle un mélange de joie et de désespoir, d'horreur et de tendresse pour lui. Elle souhaitait de le voir sans cesse, et elle lui parlait de se séparer pour toujours. Toutes ces contrariétés l'épouvantaient. C'était d'Olingry seul qui pouvait les éclaircir. Le moment en approchait. Ce malheureux ne s'était point écarté si loin, qu'il n'eût entendu toute la conversation de d'Erletan et de son épouse; il en fut touché vivement. Dieu seul connaît si ce fut repentir ou désespoir. Il pria son père de faire appeler pour un moment son aîné, sous quelques prétextes, et étant entré dans la chambre lorsqu'il l'en eut vu sortir, il pria ma sœur, qui parut effrayée de sa présence, de l'écouter pour la dernière fois. Il lui dit que n'ayant point perdu un mot de la conversation qu'elle venait d'avoir avec son époux, il avait observé qu'il n'avait aucune connaissance ni même aucun soupçon du malheur de la nuit précédente, qu'il était donc aisé de remédier au mal, en le cachant par un éternel silence; qu'elle n'avait qu'à se répondre d'elle-même et de sa femme de chambre, et à vivre tranquillement avec son époux : que pour ce qui le regardait, outre son propre intérêt et l'honneur de sa famille, qui l'obligeaient au secret, il se mettrait hors d'état de le révéler en allant s'ensevelir dans un monastère pour le reste de sa vie. Ma sœur eut peine à souffrir qu'il achevât. Elle lui répondit, sans jeter les yeux sur lui, que c'était trop qu'il l'eût couverte de honte, et qu'il eût ruiné tout le bonheur de ses jours par un crime dont il était seul coupable; qu'elle n'avait pas dessein de le devenir autant que lui, en suivant son damnable conseil, et en portant ce qu'il avait souillé dans le lit de son époux; qu'elle abandonnait à la fortune sa vie et sa destinée, et qu'elle n'était jalouse que de son innocence. Pensez-y bien, Madame, reprit-il, vous n'avez qu'un moment pour y penser. Mon parti est pris, lui dit ma sœur. Et le mien aussi, ajouta-t-il en sortant. Il trouva son frère dans une chambre voisine. Il le tira à l'écart. Là, après lui avoir reproché, en termes sanglans, sa perfidie dans son mariage secret et dans toute la conduite de son amour, il lui déclara nettement qu'il avait souillé son lit la nuit précédente ; et comme d'Erletan, dans le premier transport où le jeta cette funeste nouvelle, paraissait porter la main à son épée ; il le prévint d'un coup de poignard qu'il tenait préparé. Quoique le coup fût profond, la fureur de d'Erletan empêcha qu'il n'en fût affaibli sur-le-champ. Il eut assez de force pour tirer son épée, et pour la passer au travers du corps à son meurtrier. Il est vrai que d'Olingry ne fit nul mouvement pour l'éviter. Les domestiques, qui accoururent au bruit, le virent tomber, et l'entendirent prononcer quelques paroles en mourant, par lesquelles il marquait de la joie de ce que son frère s'était ainsi chargé du crime de sa mort, comme il lui reprochait de l'être déjà de celui de son inceste. Il expira presque aussitôt. Un horrible mélange de pleurs et de cris s'étant répandu dans la maison, je mis la tête hors de ma chambre, où j'étais renfermé depuis deux heures. Je vis un laquais hors d'haleine qui venait m'avertir de descendre. Oh !

Monsieur, me dit-il, tous mes maîtres sont égorgés. Je courus, ou plutôt je me précipitai sur l'escalier. J'aperçus les deux frères étendus, l'un mort, l'autre expirant. Leur père, tout éperdu, s'efforçait de leur donner quelques secours inutiles. Approchez, M. de Sauvebœuf, me dit d'Erletan d'une voix faible, approchez. Venez voir expirer le plus criminel et le plus malheureux de tous les hommes. Quoique j'ignorasse encore la cause de ce triste accident, je ne pus me défendre de quelques mouvemens de compassion. D'Erletan, sans me donner le temps de parler, m'apprit en deux mots son malheur et le crime de son frère. Je frémis d'horreur, et il s'en aperçut. Je ne sais, continua-t-il, si je mérite votre haine ; mais par où ai-je pu m'attirer celle du Ciel ? Hélas ! qu'avais-je fait dans toute ma vie pour en être traité si cruellement ! je l'exhortai à se réconcilier avec Dieu. Ah ! me dit-il, la manière dont il me traite me fait trop voir que je n'ai point de miséricorde à en espérer. Ma sœur entra dans cet instant en perçant le Ciel de ses cris et en arrachant ses cheveux; mais, lorsqu'il ouvrait les bras pour la recevoir, elle s'arrêta, et lui-même parut avoir honte du mouvement qu'il avait fait. Je mourrai donc sans l'embrasser, lui dit-il, cette consolation ne m'est pas même permise. O crime détestable! ô malheureux frère! Elle de son côté le regardait avec des yeux égarés, et elle paraissait n'avoir plus le pouvoir de prononcer une parole. Elle tourna deux ou trois fois autour de lui, comme si elle eût voulu s'approcher pendant qu'il s'efforçait de remuer la tête pour la suivre de ses regards. Il semblait qu'une main invisible la retînt, ou qu'elle fût au bord d'un affreux précipice dont la vue l'épouvantait ; enfin, ne pouvant plus résister à des mouvemens si violens, elle tomba proche de lui sans connaissance. Il recueillit toutes ses forces pour saisir une de ses mains, sur laquelle il tint sa bouche collée pendant deux ou trois minutes. Au nom de Dieu, me dit-il, prenez soin d'elle, et empêchez-la de mourir. On s'occupait pendant ce temps-là à bander sa plaie. Il avait été trop troublé pour y faire attention; mais lorsqu'on voulut l'emporter dans un lieu plus commode : Non, non, s'écria-t-il en s'arrachant tous ses linges, mon dessein n'est pas de vivre. Il tendit ses bras pour embrasser son père, et ses derniers mots furent la prière qu'il lui fit de me donner sa sœur en mariage, et de me faire son héritier. Lorsque je lui eus vu rendre le dernier soupir, je me retirai pour prendre soin de ma sœur. Elle revint à elle ; mais ses yeux me parurent si éteints, et ses forces si épuisées, que je désespérai de sa vie. Elle languit pendant quelque temps dans des défaillances continuelles, et elle mourut assez tôt pour être enterrée dans le même tombeau que son époux.

M. de Sauvebœuf finit son histoire, en nous disant qu'il s'était marié depuis avec mademoiselle d'Erletan. Vous voyez, Monsieur, ajouta-t-il en s'adressant à moi, que j'ai eu de bonnes raisons pour n'être pas du sentiment de la compagnie, par rapport à vous. Le motif qui vous fait quitter M. le marquis n'est pas plus fort que celui qui pouvait m'empêcher d'épouser la sœur de M. d'Erletan. J'ai cru que mon propre exemple, qui a été approuvé par toutes les personnes de ma connaissance, m'autorisait à vous conseiller de prendre la même conduite. Je fis remarquer à M. de Sauvebœuf qu'il y avait quelque différence entre les deux cas, et son histoire n'altéra point ma résolution.

Comme j'étais persuadé qu'en me séparant, rien ne m'obligeait à rompre les mesures de la bienséance et de l'amitié, je passai encore quelques jours chez M. le duc. J'y aurais même demeuré plus long-temps, si je n'eusse été obligé de retourner chez ma fille pour l'aider à sortir d'une affaire fort embarrassante. Un soir que j'étais à souper avec M. le duc, un laquais de mon gendre arriva à toute bride, et demanda à me remettre promptement une lettre. C'était ma fille qui m'écrivait. Elle me marquait que la nuit précédente danger. Je sais qu'il est maître à présent de votre cœur; mais parlons naturellement : manquez-vous de remèdes? Vous allez voir combien j'en ai encore à vous offrir. Laissez-moi descendre au fond de ce cœur dont vous croyez la guérison si désespérée. J'y opposerai, aux attraits d'une femme, les charmes de la vertu et de l'innocence; aux folles joies des sens, l'avantage inestimable de savoir user de sa raison ; aux transports d'une possession de quelques momens, la longue et douce tranquillité qui est le fruit de la modération et de la sagesse. Je ne vous nomme point ici des biens chimériques, ou qui vous soient inconnus : vous les avez goûtés avant que de vous laisser vaincre par votre passion ; comment avez vous pu consentir à les perdre ? Je pardonne à une ame commune, de chercher sa félicité dans les plaisirs de l'amour : ils l'élèvent en quelque sorte au-dessus de sa portée, en lui ouvrant les sources de joie auxquelles elle n'avait rien trouvé d'égal dans sa bassesse naturelle : mais une grande ame se ravale et s'avilit par les passions amoureuses. Elle est faite pour une espèce de plaisirs plus délicats. Sa félicité est d'un autre ordre. Elle la trouve en elle-même par ses réflexions, par son goût pour la vérité, l'honneur, la bonté et la justice; pourquoi en chercherait-elle une moins digne d'elle au dehors? Elle sent qu'elle peut s'en assurer la durée; pourquoi la ferait-elle dépendre d'une chose aussi fragile que la beauté des femmes, ou aussi légère que leur humeur, qui est encore plus sujette à changer que leur beauté? Non, mon cher marquis, il ne saurait y avoir de vraie grandeur d'ame dans un esclave de l'amour : une tendresse excessive semble exclure la fermeté; les flatteries et les caresses amollissent le courage; les jalousies, les inquiétudes troublent la sérénité de l'esprit; le soin de plaire détruit l'attention nécessaire aux entreprises importantes; enfin, le goût du plaisir des sens est opposé directement à celui de la vérité, danger. Je sais qu'il est maître à présent de votre cœur ; mais parlons naturellement : manquez-vous de remèdes ? Vous allez voir combien j'en ai encore à vous offrir. Laissez-moi descendre au fond de ce cœur dont vous croyez la guérison si désespérée. J'y opposerai, aux attraits d'une femme, les charmes de la vertu et de l'innocence ; aux folles joies des sens, l'avantage inestimable de savoir user de sa raison ; aux transports d'une possession de quelques momens, la longue et douce tranquillité qui est le fruit de la modération et de la sagesse. Je ne vous nomme point ici des biens chimériques, ou qui vous soient inconnus : vous les avez goûtés avant que de vous laisser vaincre par votre passion ; comment avez vous pu consentir à les perdre ? Je pardonne à une ame commune, de chercher sa félicité dans les plaisirs de l'amour : ils l'élèvent en quelque sorte au-dessus de sa portée, en lui ouvrant les sources de joie auxquelles elle n'avait rien trouvé d'égal dans sa bassesse naturelle : mais une et tôt ou tard il entraîne après soi la ruine même de la vertu.

Le marquis écouta cette morale avec sa docilité ordinaire ; mais malgré mes déclamations contre l'amour, il me pria de lui apprendre, avant que de le quitter, ce que M. le duc pensait de son inclination pour ma nièce. Cette question me fit juger que je devais attendre peu de fruit de mon discours. Cependant je lui répondis, sans marquer de mécontentement, que M. le duc ne m'en avait point parlé comme d'une chose sérieuse, et que personne en effet ne la regarderait jamais que comme un badinage ; qu'il était fâcheux seulement qu'elle eût produit de si tristes effets ; mais que j'en étais consolé, s'ils servaient du moins à son instruction. Ce furent mes dernières paroles, auxquelles je ne lui laissai point le temps de répondre. Je montai dans ma chaise de poste avant la pointe du jour.

LIVRE QUATORZIÈME.

Je réfléchis beaucoup en chemin sur la démarche que je venais de faire. Le Ciel connaît que mon premier sentiment en fut un de reconnaissance pour la faveur qu'il m'avait accordée en rompant à la fin mes liens. Il connaît aussi que je n'avais pas trompé le marquis, lorsque je l'avais assuré de mon tendre attachement, et du regret que je sentais de le quitter. Cependant ce regret tombait peut-être moins sur la séparation même, que sur les raisons pour lesquelles je m'y croyais obligé ; c'est-à-dire, que j'eusse souhaité de toute mon ame d'être dans un âge et dans une disposition d'esprit qui m'eussent permis de continuer à rendre mes services à M. le duc ; mais la situation où je me trouvais ne pouvant s'accorder avec cet engagement, j'étais ravi dans le fond du cœur de me revoir en liberté. Les motifs de bienséance qui m'avaient servi de prétexte, n'étaient pas mes motifs les plus puissans, quoiqu'ils eussent paru suffire pour justifier ma retraite. Mon âge en était encore un plus faible : je ne manquais ni de force ni de santé. Je veux révéler ici le ressort secret qui m'avait fait agir. Il se passait depuis peu dans mon ame une nouvelle scène qui en augmentait extrêmement le trouble, ou plutôt qui m'en faisait sentir un d'une nature extraordinaire, et qui m'avait été inconnu jusqu'alors. J'avais éprouvé dans le cours de ma vie des pertes de tous les genres, et j'avais passé, par conséquent, par tous les degrés de la douleur; mais ayant toujours vécu dans l'éloignement du vice, je n'avais jamais perdu cette espèce de satisfaction intérieure qui est le partage de l'innocence. J'avais cru devoir regarder toutes mes infortunes comme une épreuve du Ciel, parce que je n'avais jamais senti de remords qui m'eussent averti qu'elles fussent un châtiment. Cette disposition de cœur est d'un secours admirable pour les malheureux, dans les transports même qui ressemblent le plus au désespoir. Or, j'avais perdu depuis quelque temps cette douce consolation de mes peines. La mort de miladi R.... troublait le repos de ma conscience. Je m'en accusais à tout moment comme d'un crime où j'avais du moins contribué. Premièrement, disais-je, c'est moi qui l'ai tirée d'Angleterre ; et devais-je attendre si tard à reconnaître qu'une action de cette nature offensait le Ciel et blessait le devoir ? Quel droit avais-je d'ôter cette dame à son époux ; et de l'aider à rompre tous les engagemens du mariage ? Quelle étrange compassion que celle qui s'exerce en commettant un crime, et qui offense mortellement un innocent, pour consoler une malheureuse ? D'ailleurs, continuais-je, qui m'assurera que le sentiment qui me faisait agir, et que j'appelais alors pitié, n'était point une passion déréglée ? Il est vrai que je l'ai vaincue à la fin ; mais l'ai-je toujours combattue ? et s'il ne faut qu'un moment à l'amour pour répandre son poison, qui peut me répondre que le ressort de mon cœur, en servant miladi, n'était point la secrète espérance de se satisfaire plus facilement, lorsqu'elle serait éloignée de son époux ? Ainsi c'est peut-être un amour criminel qui m'a porté à l'enlèvement d'une femme mariée. Quelle autre raison pouvais-je avoir de lui procurer une retraite chez ma fille ? Pourquoi aurais-je pris tant d'intérêt à la fortune d'une inconnue ? Ai-je oublié mes agitations, mes soupirs, mes larmes, et puis-je croire que tout cela se soit accordé avec l'innocence ? Pour ce qui regarde le funeste accident de sa mort, il est certain que je ne l'ai pu prévoir, et que je n'aurais rien épargné pour l'éviter. Mais en suis-je beaucoup moins coupable ? N'a-t-il pas eu sa source dans les faiblesses dont je viens de m'accuser ? En un mot, si je n'avais aimé miladi R.... plus qu'il ne m'était permis par le devoir, serait-elle sortie d'Angleterre ? Aurait-elle demeuré chez ma fille, et y aurait-elle péri misérablement? C'est donc sur moi que retombe et le désordre de sa fuite, et le crime de sa mort.

Soit faiblesse d'esprit, soit vif sentiment de religion, je trouvais dans ces réflexions un sujet terrible d'inquiétude. Si j'étais coupable, il fallait faire ma paix avec le Ciel par la pénitence ; si je ne l'étais point, il fallait appaiser du moins le cri de ma conscience, en me guérissant de mes scrupules, et je concluais de l'un et de l'autre, que la solitude m'était devenue plus nécessaire que jamais. Mon lecteur voit maintenant aussi clair que moi dans le secret de mon ame. Je ne sais quel jugement il portera de mes délicatesses et de mes craintes en matière de crime et de vertu ; mais ce qui me persuade aujourd'hui que je ne dois point me repentir de m'être jugé si sévèrement moi-même, c'est que plus je vois la mort de près, plus je suis satisfait de cette rigueur. Elle augmente la confiance que j'ai au souverain juge, et elle diminue ma frayeur aux approches de l'éternité.

J'arrivai le soir chez ma fille. Tout le monde y était dans l'alarme, comme si la flamme eût déjà été appliquée aux murs de la maison. Je me fis expliquer le cas exactement, et surtout le lieu où l'on exigeait que les deux mille écus fussent portés. C'était à un quart de lieue du village, dans une plaine vaste et découverte, au pied d'un vieil ormeau qui était seul à cinq ou six pas d'un petit sentier. J'allai sur-le-champ reconnaître la place. Elle me parut bien choisie pour la sûreté des voleurs. Il aurait été difficile de les faire observer sans qu'ils s'en aperçussent. Cependant je m'avisai d'un expédient qui trompa leur prévoyance. Comme le temps qu'ils avaient marqué était la nuit qui devait suivre celle où nous étions, je fis creuser, sur-le-champ, à vingt pas de l'arbre, une fosse assez grande pour cacher six hommes. La terre qu'on en avait ôtée, fut dispersée de côté et d'autre sur des terres labourées. Je retournai chez ma fille, et je fis prendre à six hommes résolus chacun un fusil, avec des provisions pour passer le reste de la nuit et le jour suivant dans la fosse. Je les y envoyai avant le jour, et je leur donnai ordre de ne point attaquer les voleurs, qu'ils ne fussent au pied de l'arbre, et qu'ils ne leur eussent vu prendre leur proie. Je serais allé moi-même avec eux, si ma fille ne m'eût assuré que je pouvais me reposer sur ses deux gardes-chasse, qui étaient les braves du canton. Le soir de l'exécution, je mis entre les mains de mon valet les deux mille écus dans une bourse, pour les porter au pied de l'arbre. Je lui recommandai de ne point s'arrêter à considérer les environs, et de ne pas même tourner la tête à son retour. Voici quel fut le succès de mon stratagême. Vers onze heures ou minuit, mes gens virent trois personnes qui s'avançaient dans le sentier, et qui paraissaient venir d'un petit hameau qui était au bout de la plaine. Lorsqu'ils furent vis-à-vis de l'arbre, deux passèrent outre; le troisième s'arrêta, en disant assez haut pour être entendu de la fosse, qu'il était pressé d'un besoin naturel. Il alla se mettre au pied de l'arbre, et faisant semblant de satisfaire à son besoin, il prit la bourse qu'il mit dans sa poche. Un de mes gens tira dessus, et lui cassa les reins. Il eut tort : on aurait pu le prendre aussi facilement que les deux autres, qui furent enveloppés en un moment. Ils furent reconnus pour des paysans des environs. Mes gens les amenèrent à la maison de ma fille. Je les interrogeai séparément. Je trouvai à la fin qu'il n'y avait que le blessé qui fût coupable. C'était un vieux scélérat qui passait pour être riche, et qui s'était sans doute enrichi par la méthode dont il avait usé à l'égard de ma fille. Ses deux compagnons ne le connaissaient pas pour ce qu'il était. Il les avait engagés à aller boire avec lui au hameau d'où mes gens les avaient vu venir, afin de pouvoir, sans affectation, prendre la bourse à son retour. Il avait été si maltraité par le coup de fusil qu'il avait reçu, que nous le laissâmes mourir chez nous par pitié. Il vécut néanmoins encore huit jours. Ce temps aurait suffi pour le faire punir par les mains de la justice ; et la roue ou le feu était sans doute le moindre supplice auquel il aurait dû s'attendre.

L'automne commençait à s'avancer. Amulem étant toujours dans le dessein de se rendre à Vienne avant l'hiver, nous réglâmes sérieusement le temps de notre départ, et nous prîmes même un temps si court, qu'il ne paraissait plus qu'aucun obstacle pût le retarder. Mais le Ciel avait ordonné que je ne ferais point le voyage d'Allemagne ; de sorte que les dernières mesures furent aussi inutiles que les précédentes. La cause qui les fit rompre ne fut pas plus avantageuse à M. le duc de... et à Amulem qu'à moi. Nous eûmes part tous trois, selon notre mesure, au chagrin d'une aventure fort désagréable ; mais le mien ne fut pas sans fruit, puisqu'il servit à avancer le moment de ma retraite, et à me la faire trouver encore plus douce. C'est ce qui me reste à raconter pour conclure ces Mémoires.

Comme je me défiais toujours de la

passion et de l'humeur entreprenante du marquis, j'avais pris la résolution de mettre Nadine hors de ses atteintes avant mon départ. Le couvent me semblait un asile assuré. J'en choisis un à quelques lieues de Paris, qui se nomme H... Outre que la supérieure était de ma connaissance, je savais qu'on y élève quantité de jeunes personnes dont la compagnie empêcherait ma nièce de s'ennuyer de la clôture. J'y fis un voyage, pour m'accorder avec les religieuses sur la pension. Mon neveu Muleid m'accompagna par curiosité. La situation de la maison nous parut belle et saine. Nous visitâmes avec plaisir tout ce qu'il est permis aux religieuses de montrer aux personnes de notre sexe. Mais rien ne fut plus agréable pour Muleid que la vue d'une centaine de jeunes pensionnaires, parmi lesquelles il y en avait quelques-unes d'une beauté extraordinaire. Ce fut à l'église que nous eûmes ce spectacle : elles étaient rangées avec ordre, et toutes si propres et si parées, que je m'étonnai qu'on leur permît cette affectation dans une solitude. Muleid les considéra avec une attention extrême. Je ne doute point que cette vue ne lui réveillât l'idée du sérail de son père, et ne lui inspirât peut-être le désir d'en avoir un bientôt pour lui-même. Il me parla beaucoup, en retournant chez ma fille, de la bonne grâce de ces jeunes demoiselles. Je le raillai un peu sur son admiration, et je lui dis, en badinant, que s'il n'eût point été si près de son départ, je me serais bien gardé de l'exposer ainsi au danger de devenir amoureux. Etant de retour chez ma fille, je disposai ma nièce à partir. Elle était bien remise de toutes les suites de la mort de son époux; et, loin de marquer de l'aversion pour le couvent, elle me témoigna qu'elle y allait avec inclination, surtout lorsqu'elle eut appris de son frère qu'elle n'y manquerait point de passe-temps et de compagnie. Muleid souhaita d'y retourner avec elle; et, pour lui marquer plus d'amitié, toute la famille prit aussi le parti de la conduire. Ma fille, qui avait l'humeur fort gaie, ayant entendu parler Muleid avec beaucoup d'éloges des agrémens de quelques pensionnaires, lui proposa de déguiser son sexe, pour avoir la liberté d'entrer avec elle dans le couvent. Il consentit à la proposition. J'eus beau m'y opposer, et la condamner même du ton le plus sérieux, je fus obligé de céder aux raisonnemens badins de ma fille, à qui ma tendresse laissait prendre peut-être un peu trop d'ascendant sur moi. Muleid fut donc travesti en fille. Il était dans un âge qui rendait son déguisement peu difficile. Les religieuses n'eurent pas le moindre soupçon de son sexe. Il entra dans le couvent avec liberté pendant deux jours, et il eut le temps non-seulement d'observer les plus jolies personnes, mais de lier connaissance avec quelques-unes d'entre elles. Je n'aurais jamais pensé néanmoins qu'il eût été capable d'y prendre de la passion. Outre qu'il avait mal réussi à copier les manières françaises, il était naturellement sérieux, et je croyais toujours son cœur en Turquie par souvenir et par inclination. Sa figure était pourtant fort revenante, et l'air turc qu'il conservait ne faisait point déshonneur à la nation. Après qu'Amulem et lui eurent fait de tendres adieux à Nadine, nous retournâmes chez ma fille. Nous pressâmes tellement nos équipages, qu'en quatre jours tout fut prêt pour le départ. La veille même du jour marqué, Muleid déclara à son père qu'il se trouvait si mal, qu'il n'était point en état d'entreprendre le voyage.

Il se plaignit d'un air si naturel, qu'il nous persuada facilement de sa maladie. On fit appeler le médecin, qui n'en découvrit point les symptômes; mais la principale foi étant due au malade, nous doutâmes si peu de son incommodité, que nous différâmes notre départ pour attendre sa guérison. Ce n'était néanmoins qu'un artifice pour se donner le temps de satisfaire son cœur. Il était devenu réellement amoureux d'une jeune demoiselle de quinze ou seize ans, qui s'appelait Thérèse. Je ne la nommerai ici que par son nom de baptême, pour ménager sa famille, à qui cette aventure a causé beaucoup de chagrin. J'ignore ce qu'il avait pu se promettre d'elle au commencement de son amour; car il y avait peu d'apparence qu'une jeune fille, qui avait été élevée dans le couvent depuis son enfance, prêtât facilement l'oreille à un amant d'une religion et d'un pays différens. Il avait fait fond sans doute sur le secours de Nadine, à qui il s'était déjà ouvert en confidence. Enfin, la maladie de Muleid était son premier amour, c'est-à-dire un amour violent. Il nous le déguisa pendant huit jours, avec beaucoup d'adresse, sous le nom de colique, et de maux de tête et d'estomac. Un soir, qu'il avait fait semblant de s'aller coucher de bonne heure, en se plaignant plus qu'à l'ordinaire, j'envoyai, avant que de me mettre au lit, pour être informé de l'état de sa santé; mon valet revint me dire qu'il n'était point à sa chambre. Je le renvoyai s'instruire mieux de ce qui pouvait être arrivé. Il apprit, après quelques recherches, que Muleid était sorti secrètement, qu'il avait fait seller deux chevaux, et qu'il était parti avec un laquais français de ma fille. Cette nouvelle m'obligea d'aller trouver sur-le-champ son père. Il en fut aussi supris que moi, et personne ne put s'imaginer dans la maison qu'elle était la raison de son départ.

Il se passa quelques semaines avant que nous pussions avoir les moindres lumières sur ce qu'il était devenu. Nous le fîmes chercher de toutes parts. Amulem n'avait que ce fils; sa tendresse et son inquiétude pour lui le rendirent malade. J'envoyai dans tous les lieux où je l'avais mené depuis son arrivée en France; j'envoyai même en Hollande, où nous avions demeuré quelques mois ensemble; mais tous mes soins furent inutiles. Il y avait déjà plus d'un mois que nous étions dans cet embarras, lorsque je reçus une lettre de la supérieure du couvent où j'avais mis Nadine. Elle me marquait que M. le marquis de..., fils de M. le duc de..., était venu deux ou trois fois voir ma nièce sans se faire connaître; qu'elle n'avait pas fait difficulté de lui en accorder la permission; mais que ses visites devenant plus fréquentes, elle s'était informée de son nom; qu'il avait refusé de le dire; qu'elle l'avait appris d'ailleurs malgré lui, et que s'imaginant que ce n'était pas sans quelque raison d'amour qu'il revenait si souvent, elle voulait savoir de moi quelle conduite je souhaitais qu'elle tînt à son égard.

Je ne pouvais m'imaginer par quel moyen la demeure de ma nièce était venue à la connaissance du marquis. Je savais que M. le duc l'avait mené à Paris, et je ne doutais presque nullement que la vue de la Cour et le tumulte des plaisirs ne lui fissent perdre le souvenir de Nadine. En attendant que je pusse délibérer à loisir sur ce nouveau contre-temps, j'écrivis toujours à la supérieure, que s'il continuait ses visites, je la priais de lui répondre honnêtement qu'elle ne pouvait accorder à ses pensionnaires la liberté d'en recevoir si souvent. Ensuite, comme je ne pouvais m'ôter de l'esprit que Muleid était à Paris, je pris cette occasion de l'y aller chercher moi-même, avec dessein de voir en même-temps le marquis, pour tâcher encore une fois de lui inspirer un peu plus de modération. Je ne différai point à partir. Je rendis ma première visite à M. le duc. J'aurais pu le prier d'employer son autorité pour arrêter les amoureuses poursuites du marquis; mais deux raisons m'en empêchaient. L'une était la crainte de causer trop de chagrin au jeune amant, s'il apprenait que je l'eusse exposé aux sévères réprimandes de son père; et l'autre, qui n'était guère moins forte, était l'opinion que je n'avais que trop de sujet d'avoir des sentimens de M. le duc sur cet article. Je n'avais pas attendu si tard à lui en parler d'une manière sérieuse; mais puisque je fais profession de sincérité dans ces Mémoires, je ne cacherai point que je n'avais point été satisfait de ses réponses. Il avait toujours pris la chose en homme infiniment au-dessus de mes petites craintes. Il ne voyait, dans l'attachement de son fils, qu'une galanterie de jeunesse qui servait à l'amuser; s'il y trouvait quelque péril, ce n'était sans doute que pour ma nièce : la haute naissance du marquis lui paraissait un préservatif contre la foi et la durée de tous les engagemens. J'avais donc peu de fond à faire sur son secours; aussi ne lui en parlai-je pas le moins du monde. En le quittant, je passai dans l'appartement de M. le marquis, et je me crus encore en droit d'en user assez familièrement pour entrer sans le faire avertir. Je laisse au lecteur à juger quel fut mon étonnement, lorsqu'en ouvrant la porte, j'aperçus Muleid qui jouait au trictrac avec lui. Ils furent tous deux aussi interdits que moi. Cependant je pris un air riant pour leur dire que je me tenais fort heureux de trouver ainsi, sans m'y attendre, mon cher fils et mon neveu. Le marquis vint m'embrasser avec ardeur. Muleid parut plus embarrassé. Je lui fis quelques tendres reproches de l'inquiétude où il avait jeté son père et toute la famille. Il s'excusa assez mal sur ce que le marquis l'avait tenu si occupé de plaisirs, qu'il n'avait pu trouver un moment pour nous écrire. Je lui demandai s'il était guéri parfaitement, et s'il serait bientôt en état d'entreprendre le voyage d'Asie. Il me pria de lui laisser prendre encore quelque temps l'air de Paris, dont il me dit qu'il se trouvait bien. Je ne pus lui refuser cette faveur. Je le priai seulement d'écrire quelquefois à son père, et de ménager sa santé. Je dînai avec eux à l'hôtel. Je tirai, après le dîner, le marquis en particulier, et je lui dis que la supérieure du couvent où était ma nièce se plaignait de ce qu'il lui avait fait violer plus d'une fois sa règle; qu'il ne lui était point permis d'admettre les jeunes gens qui venaient visiter ses pensionnaires; qu'elle l'avait reçu d'abord en faveur de son nom, qu'il avait tâché inutilement de cacher; mais qu'elle était bien résolue dans la suite d'exécuter un peu plus scrupuleusement ses devoirs. Il comprit aisément ce que je voulais lui faire entendre par ce détour. Comme son dessein était déjà concerté avec Muleid, il me répondit, avec un air de sincérité dont je fus la dupe, qu'il serait au désespoir de chagriner la supérieure ; et qu'il me promettait, ou de ne plus aller voir ma nièce, ou d'y aller si rarement, que les règles les plus sévères n'en seraient point blessées. Je passai le reste du jour avec lui et mon neveu ; et n'ayant rien qui pût me retenir à Paris, j'en partis le lendemain pour aller rendre une visite à ma nièce.

Je demandai à parler d'abord à la supérieure. Elle me raconta ce qui s'était passé dans les visites du marquis, ou du moins ce qu'elle en avait appris de la religieuse qui avait accompagné Nadine, suivant la coutume des couvents. Il n'y était rien arrivé, me dit-elle en langage de cloître, qui pût ternir le miroir de la pudeur du moindre souffle. Mais cette bonne supérieure ignorait que sa religieuse était une infidèle qui la trahissait, après s'être laissé gagner par l'adresse du marquis. Elle me dit ensuite que mon autre nièce était une fort aimable personne, et que toutes les fois qu'elle venait au couvent, elle y était reçue de toute la communauté avec beaucoup de satisfaction. De quelle nièce parlez-vous, ma mère, lui dis-je avec surprise ? Hé, de votre autre nièce, reprit-elle, que vous amenâtes ici avec celle qui nous est restée. Oui, continua-t-elle, c'est une jeune demoiselle d'un mérite infini. Quoiqu'elle ait encore quelque chose d'étranger dans les manières, elle est d'une douceur et d'un esprit qui lui ont gagné le cœur de toutes nos sœurs, et surtout d'une de nos petites pensionnaires, qui n'est jamais si contente que lorsqu'elle la voit ici. Ce discours était trop clair pour me paraître obscur. Malgré le chagrin qu'il me causa, je ne pus m'empêcher de rire de la crédulité de ces bonnes religieuses, qui continuaient à prendre Muleid pour une fille ; car je ne pouvais pas douter que ce ne fût lui qui les eût ainsi trompées sous le nom de ma nièce. J'eus de l'embarras à répondre. Cependant je me déterminai à la remercier en général des sentimens de sa communauté pour tout ce qui lui appartenait; et après lui avoir recommandé de ne plus laisser voir Nadine au marquis, je lui fis part de quelques bonnes réflexions sur la nécessité de veiller de près à la conduite de toutes ses pensionnaires. La visite que je fis à Nadine fut courte. Je brûlais d'envie de retourner chez ma fille, pour finir l'inquiétude d'Amulem, et pour lui communiquer ce que je savais de Muleid. Ce qui me fit peine, fut de lui trouver, par rapport à la petite pensionnaire, dont je jugeais que son fils était amoureux, les mêmes sentimens à peu près que M. le duc de... avait par rapport à ma nièce; c'est-à-dire qu'Amulem, charmé d'avoir retrouvé son fils, se mit à rire de son amour, et ne put s'empêcher même de me dire qu'il lui souhaitait un heureux succès. Vous allez bien vite, lui dis-je, et vous vous imaginez être à Amasie; d'ailleurs, quel succès pouvez-vous ici souhaiter à votre fils, qui ne soit contraire à vos propres désirs? Croyez-vous qu'il puisse obtenir quelque chose d'une fille française, sans devenir auparavant bon chrétien ? Qu'il le devienne, à la bonne heure ; devenez-le vous-même, et faites apporter vos biens d'Asie en France. Nous réussirons peut-être, après cela, à rendre Muleid heureux. Non, me répondit Amulem, je vous ai dit mille fois que je ne quitterai point ma religion, bonne ou mauvaise, et que je ne souffrirai pas non plus que Muleid la quitte ; mais s'il pouvait engager sa petite maîtresse à nous suivre en Asie, nous la ferions Turque. C'est ce qu'il ne faut pas que vous espériez, repris-je : mon neveu s'exposerait même beaucoup à l'entreprendre ; et si vous me croyez capable de vous donner un bon conseil, vous lui ordonnerez de revenir promptement de Paris. Je le fis entrer à la fin dans mon sentiment. Il écrivit à Muleid de nous venir rejoindre aussitôt qu'il aurait reçu sa lettre ; mais nous eûmes lieu de connaître que l'autorité paternelle n'est pas plus respectée chez les Turcs que parmi quantité de Français. Le marquis et Muleid avaient formé le plus étrange dessein qu'on puisse s'imaginer: c'était d'enlever chacun leur maîtresse, et de s'enfuir ensemble en Turquie. Mon neveu avait sans doute été l'inventeur de ce glorieux projet; car il était allé chez le marquis en quittant la maison de ma fille, et il avait commencé par lui apprendre le lieu où demeurait sa sœur. Ils étaient convenus de s'aider mutuellement dans leurs amours. Muleid avait loué une chambre à Paris, et s'étant pourvu d'habits de fille, il avait été au couvent de Nadine autant de fois qu'il avait voulu : il s'était fait connaître à mademoiselle Thérèse par le secours de ma nièce, et il avait fort avancé ses affaires en peu de temps. C'était lui qui s'était chargé de leur faire la proposition d'aller en Turquie; car quoique le marquis eût rendu plusieurs visites à Nadine, il n'avait pas toujours eu le plaisir de l'entretenir librement. C'était depuis peu qu'il avait eu l'adresse de séduire la surveillante : il l'avait gagnée jusqu'au point de l'engager à les suivre hors de son couvent. Ils allaient donc ainsi tour à tour voir leurs maîtresses ; celui qui était de jour apportait une lettre de l'absent, et lui rapportait la réponse. Mademoiselle Thérèse était une petite éveillée qui avait plus de charmes qu'il n'en faudrait pour faire deux filles aimables : je ne sais si elle avait entendu parler du sérail ; mais il ne parut point dans la suite que cette idée l'épouvantât. Elle entra de tout son cœur dans le dessein du voyage d'Amasie, et son affection pour Muleid ne cédait rien à celle de Nadine pour le marquis.

Telle était la situation de leurs affaires lorsque mon neveu reçut la lettre de son père. Le seul effet qu'elle produisit, fut de leur faire hâter l'exécution de leur dessein. Ils prirent des mesures fort justes pour se procurer des valets fidèles, des échelles, des chaises de poste, et tout ce qui était nécessaire pour l'enlèvement. Muleid ne manquait point d'argent, et le marquis avait recueilli, de son côté, la meilleure somme qu'il avait pu. Ils se rendirent au couvent la nuit dont ils étaient convenus, et ils enlevèrent leurs maîtresses par-dessus les murs du jardin, avec la religieuse qui s'attachait à leur fortune. On s'aperçut le lendemain de bonne heure de leur évasion. Comme le couvent est dans une campagne, et que la supérieure manquait de monde pour les faire suivre, elle se contenta de faire prendre la poste à deux domestiques; l'un pour aller donner avis de cet accident au père de mademoiselle Thérèse, et l'autre, pour m'apporter la même nouvelle. Ce triste message me fut annoncé après midi. On ne m'apprit point le nom des auteurs de l'enlèvement; mais je n'eus pas besoin d'efforts pour me l'imaginer. Je me doutai même tout d'un coup que, puisque le marquis et mon neveu en étaient venus à cette violence, c'était pour quitter le royaume, et peut-être pour prendre le chemin de la Turquie. Comme il n'était pas croyable qu'ils eussent voulu risquer de traverser toute la

France pour aller s'embarquer à Marseille, je me figurai qu'ils auraient pris la route d'Allemagne. Cette pensée me fit espérer de pouvoir les rejoindre, parce que la terre de ma fille est, comme je l'ai déjà dit plusieurs fois, vers la frontière. Cependant, comme ils eussent pu prendre aussi le parti de passer en Angleterre, j'envoyai à Calais, et dans les autres ports, quelques personnes de confiance que je fis partir en diligence. Je montai moi-même à cheval, sans perdre un moment, et je gagnai bientôt le grand chemin de la poste d'Allemagne. J'avais avec moi trois hommes bien armés. Ayant pris langue à la première poste, je sus qu'il avait passé, deux ou trois heures auparavant, deux chaises suivies de quatre hommes; mais qu'elles ne trouvaient pas toujours autant de chevaux qu'il était nécessaire. Je conçus que mes jeunes gens n'avaient point eu la précaution de se faire préparer des relais, et je formai l'espérance de les rejoindre même avant la fin du jour. Cependant, s'étant aperçus eux-mêmes de la faute qu'ils avaient faite, ils y suppléèrent vers la frontière, en forçant toujours leurs guides de faire double poste avec les mêmes chevaux. Ils gagnèrent par-là non-seulement d'avancer fort vite, mais encore de retarder ma course, parce qu'il arriva, en quelques endroits, que les chevaux me manquèrent à moi-même. Il me fut donc impossible de les joindre avant la nuit. Mais s'étant arrêtés pour en passer une partie à Mons, qui est la première ville des Etats de l'Empereur, j'y entrai le lendemain avant leur départ. Quoique je dusse peut-être appréhender quelque chose de la résolution de deux jeunes gens si entreprenans, je ne voulus point causer au marquis le chagrin de se voir arrêter par d'autres mains que les miennes. Ainsi, sans prendre de secours, comme il m'aurait été facile, j'allai descendre, avec mes trois hommes, dans l'hôtellerie même où ils étaient logés. On me dit qu'ils n'étaient point encore levés. Quoiqu'ils fussent quatre, je tremblais de crainte qu'ils n'eussent occupé que deux lits. Je m'en informai adroitement. On me répondit que l'un des jeunes messieurs était avec une des demoiselles, mais que les deux autres étaient chacun dans une chambre séparée. Hélas ! disais-je en moi-même, est-ce ma nièce ? Elle a été mariée ; en aurait-elle eu moins de modestie ? Je me fis conduire au hasard vers la chambre de celle qui avait couché seule. Je fus charmé d'apercevoir, en entrant, les derniers habits que j'avais vu porter à Nadine. Grâces au Ciel ! m'écriai-je, elle a du moins un reste de vertu et de pudeur. Comme elle avait eu soin, le soir, de faire fermer sa porte avec la clef par l'hôtesse, elle fut effrayée en s'éveillant d'apercevoir un homme. J'approchai de son lit, et je la priai doucement de ne pas s'épouvanter. Elle ne m'eut pas plutôt reconnue, qu'elle s'évanouit. Lorsqu'elle fut un peu revenue, elle se leva sans que je pusse l'arrêter, et elle se jeta à genoux en fondant en larmes. Je la relevai malgré elle, et je l'obligeai de se recoucher.

Elle ne prononçait pas une seule parole. Je pris ses mains avec beaucoup de douceur. J'observais de ne pas la regarder, de peur de la déconcerter trop. Ah! ma chère nièce, lui dis-je, est-il bien vrai que je vous retrouve à Mons, au pouvoir d'un jeune homme qui n'est pas votre époux? Est-ce un charme ou un poison qui vous a fait oublier votre devoir? Qu'avez-vous fait, qu'allez-vous devenir? Expliquez-moi du moins quels sont vos desseins. Ah! si vous pouviez en avoir d'innocens, vous ne les auriez pas cachés à votre père ni à moi; vous ne vous seriez pas sauvée la nuit par-dessus les murs d'un couvent; vous ne seriez pas maintenant dans un cabaret, abandonnée à tous les désirs d'un homme qui a perdu de vue, comme vous, la vertu et la sagesse. Où est-il? dites-moi. Que je crains bien qu'il n'ait déjà passé la nuit avec vous! Ce soupçon, que je lâchai exprès, lui fit enfin ouvrir la bouche. J'avoue, me dit-elle en pleurant, que j'ai fait la plus grande de toutes les fautes; mais c'est seulement en consentant de suivre M. le marquis ; car je prie Dieu de m'accabler de tous ses châtimens, si j'ai souffert la moindre chose contre le devoir. Que pouvais-je faire, ajouta-t-elle en renouvelant ses larmes ? Vous ne savez que trop que je l'aime ; il m'a promis de m'épouser et de venir passer sa vie avec moi à Amasie. Est-il possible, répliquai-je, qu'ayant de l'esprit comme vous en avez, vous n'ayez pas reconnu la puérilité d'une telle promesse ? Quelle apparence y avait-il qu'il pût être sincère, lorsqu'il s'engageait à une chose qu'il ne saurait tenir ? Avez-vous oublié ce qu'il est né, et jusqu'où les bras de M. le duc son père peuvent s'étendre ? Mais quand vous auriez pu vous promettre de traverser toute l'Allemagne sans être poursuivie et arrêtée, quelle assurance aviez-vous qu'il ne vous eût pas abandonnée en Turquie même, lorsqu'il aurait obtenu de vous les faveurs qui rassasient un jeune homme? Ah ! si vous saviez, interrompit-elle, avec quelle tendresse il m'aime, vous n'auriez pas de lui cette idée-là. Je suis sûre qu'il perdrait la vie pour moi. Allez, lui dis-je, vous êtes une petite imprudente qui ignorez encore les séductions des jeunes amans. Préparez-vous promptement à retourner en France avec moi, et remerciez le Ciel qui n'a pas permis que vous soyez tombée tout-à-fait dans le précipice. Je lui demandai si le marquis ne lui avait pas fait instance pour passer la nuit avec elle. Elle me répondit ingénument qu'il lui en avait fait la proposition; mais qu'il n'avait pas insisté, après la déclaration qu'elle lui avait faite de n'y consentir jamais qu'après leur mariage. Et mademoiselle Thérèse, repris-je, a-t-elle été aussi délicate avec votre frère ? Je ne sais pas, me dit-elle; je crois qu'ils sont ensemble dans la même chambre. Pendant que nous parlions ainsi, et que ma bonté commençait à la rassurer, j'entendis la voix du marquis qui appelait son valet de chambre. Il ne faisait que s'éveiller, bien éloigné sans doute de me croire si près de lui. J'ordonnai à ma nièce de s'habiller. Tandis qu'elle se levait, j'aperçus la religieuse qui l'avait suivie, et qui avait couché cette nuit à son côté; mais qui s'était cachée jusqu'alors dans les draps, pour se dérober à mes yeux. Je lui fis quelques vifs reproches sur sa mauvaise conduite, et sur la part qu'elle avait eue à une si misérable action. Elle ne me répondit rien.

Tout ce que je viens de raconter n'était que le prélude d'une scène plus digne d'attention. Le marquis ayant appelé son valet, fut étrangement surpris d'entendre de lui que j'étais dans la maison. Ce n'est pas que ce garçon m'eût vu entrer; mais il avait parlé sans doute à mes gens, à qui je n'avais eu nulle raison de recommander le silence. A peine ma nièce était-elle habillée, que le jeune amant se présenta à la porte de sa chambre avec un visage si consterné, que sa tristesse devait être extrême, s'il était l'image de son ame. Il vint néanmoins droit à moi : Je me rends justice. Monsieur, me dit-il, je suis coupable, je l'avoue ; mais si vous ne pardonnez pas cette faute à la violence d'une passion dont je ne suis pas le maître, il faut que vous m'ôtiez la vie sans pitié. N'espérez pas m'arracher votre nièce sans m'avoir auparavant percé le cœur. Je défendrai jusqu'au dernier soupir les droits que sa bonté m'a donnés sur elle. Mon cher marquis, lui répondis-je d'un ton paisible, ce n'est point dans un cabaret ni en vous perçant le cœur, que je veux vous les disputer : votre raison et votre générosité seront mes plus fortes armes. Je ne m'étonne point de l'excès où vous vous êtes laissé emporter par l'amour; je connais de longue main votre vivacité; mais je ne connais pas moins la bonté et l'honnêteté de votre naturel : ce sont des sentimens que vous pouvez bien perdre de vue pour un moment, mais que vous ne sauriez éteindre. Croyez-moi, retournons tranquillement en France. Si vous ne pouvez vaincre votre passion, c'est en fléchissant M. votre père, que vous devez nous faire voir qu'elle est toute puissante, et qu'elle vous rend capable de tout. Obtenez, s'il est possible, ma nièce par cette voie : c'est la seule qui soit digne de vous, d'elle et de moi. Il ne répliqua point un seul mot. Il demeura appuyé sur le dos d'une chaise, les yeux baissés, comme s'il eût médité profondément. Je le pris par la main, et je le priai de m'accompagner à la chambre de Muleid. Il se laissa emmener sans résistance.

Muleid était instruit aussi de mon arrivée, et il pensa m'échapper par une subtilité dont je ne l'aurais pas cru capable. Ayant appris que j'étais dans la chambre de sa sœur, il avait donné ordre qu'on mît promptement les chevaux à sa chaise de poste pendant qu'il s'habillait ; de sorte que si j'eusse tardé un peu plus long-temps à le venir voir, je ne l'aurais plus trouvé, ni lui ni sa maîtresse. Ma présence le déconcerta donc extrêmement. Il attendit que je m'expliquasse le premier. Je lui dis en peu de mots que son père était si mal satisfait de sa conduite, que je ne savais pas trop bien comment il ferait sa paix avec lui ; que je ne lui conseillais pas d'ailleurs de remettre le pied en France, s'il ne voulait y être exposé à de très-dangereuses affaires; qu'un Turc qui s'avise d'enlever une fille chrétienne dans un couvent, se réconcilie difficilement avec la justice; enfin, que s'il me croyait, il laisserait retourner mademoiselle Thérèse avec nous, et qu'il attendrait son père à Mons. Cette petite personne, que je n'avais point encore vue, mais qui me parut alors extrêmement jolie, prit avec beaucoup de feu la parole pour son amant : elle me répondit que ce que je disais de la sévérité de la justice était vrai, quand une demoiselle était enlevée malgré elle; mais qu'il n'en était pas de même à son égard; qu'elle avouait que c'était de son gré que Muleid l'avait enlevée; et que, loin de retourner en France, elle ne voulait jamais se séparer de lui un seul moment. Hé bien, lui dis-je, ma belle enfant, vous demeurerez avec lui. Je n'ai pas droit ici de vous faire violence. Mais je vous apprends néanmoins que vous ne sortirez pas de Mons que votre famille ne vous ait accordé son consentement. Je vais prier M. le gouverneur de vous consigner aux portes de la ville. Elle me répliqua d'un petit ton, déjà à demi turc, que j'étais le maître de l'arrêter à Mons; mais qu'elle me défiait de lui faire quitter Muleid. Pour lui, il se contenta de me dire qu'étant sorti heureusement de France, et n'ayant pas dessein d'y retourner, il en redoutait peu les lois; et qu'à l'égard de son père, pour qui il n'avait jamais manqué de respect, il espérait qu'il ne lui ferait point un crime d'une passion amoureuse. Je les priai tous de se rendre avec moi dans la chambre de ma nièce. J'y fis apporter de quoi déjeûner. Muleid et mademoiselle Thérèse mangèrent de très-bon appétit. Le marquis et Nadine ne touchèrent à rien. Ils se regardaient d'un air triste et languissant, comme deux victimes destinées au sacrifice. J'étais attendri de leurs peines, et j'aurais souhaité de pouvoir les rendre heureux au prix de mon sang; mais c'était une chose absolument impossible. Je fus surpris de ne pas voir la religieuse avec nous. Je la fis appeler. On me dit qu'elle était sortie de l'hôtellerie. J'eus d'abord un soupçon qui se trouva juste. La crainte que je ne la fisse arrêter et reconduire à son couvent, l'avait fait fuir pour assurer sa liberté. Je ne me crus point obligé de la faire chercher, ni en droit de lui faire la moindre violence.

Lorsque nous eûmes achevé de déjeûner, je fis cette proposition à mademoiselle Thérèse : Comme je ne puis vous laisser partir avec mon neveu sans le consentement de vos parens; voyez, lui dis-je, ma chère demoiselle, lequel vous choisirez de ces deux partis, ou d'être consignée aux portes de la ville jusqu'à ce que votre famille soit informée du lieu où vous êtes; ou, ce qui vous serait plus honorable, d'entrer pour quelque temps dans un couvent de cette ville. Elle me répondit que, pour éviter une consignation publique, elle entrerait volontiers pour quelques jours dans un couvent; mais qu'elle craignait qu'on ne l'y retînt ensuite malgré elle. Muleid, d'ailleurs, n'était nullement pour le couvent. J'avais espéré néanmoins qu'elle pourrait tourner de ce côté-là; car l'autre parti était une extrémité pour laquelle j'avais de la répugnance. Je pris Muleid en particulier : Si vous voulez, lui dis-je, m'engager votre parole que vous ne quitterez point Mons avec votre maîtresse avant que d'avoir reçu de mes nouvelles, je vous laisserai ici tous deux en liberté, jusqu'à ce que je puisse, ou revenir moi-même, ou vous écrire. Quoique je parlasse fort bas dans la même chambre, mademoiselle Thérèse, qui prêtait l'oreille à tout, entendit une partie de mon discours : elle se pressa de répondre, d'un petit air assuré, que si je voulais me contenter de sa parole, elle me promettait de ne point sortir de Mons jusqu'à nouvel ordre; qu'elle était fort en repos du côté de sa famille, parce qu'elle était bien sûre qu'on ne pouvait l'ôter à Muleid, qui était son époux, et avec qui, ajouta-t-elle, elle avait déjà passé une nuit en qualité d'épouse. J'admirai la vivacité de cette petite créature, et j'eus peine à me persuader qu'elle fût jamais un meuble tranquille dans un sérail. Je crus néanmoins avoir assez fait pour elle, en prenant cette précaution. Je me contentai de répéter à Muleid que je pouvais l'assurer de l'indignation de son père, s'il manquait à sa parole.

Je m'imaginais, après cela, qu'il ne me restait plus qu'à partir avec le marquis et ma nièce; mais l'ouvrage le plus sérieux et le plus difficile était encore à faire. J'avais ordonné que nos chevaux et la chaise fussent prêts pour partir à midi, dans le dessein d'arriver le soir chez ma fille, ce qui est aisé en courant la poste. Lorsqu'on vint avertir que les chevaux attendaient, et que j'invitai le marquis à descendre, je fus surpris de le voir demeurer assis sur sa chaise, et baisser les yeux sans me répondre. Je renouvelai ma prière, et je me levai moi-même pour lui montrer le chemin. Arrêtez, Monsieur, me dit-il, arrêtez. Avez-vous cru que je puisse perdre si facilement l'espérance d'être à votre nièce, et qu'après avoir tout risqué pour elle, je me prive ainsi tout d'un coup du fruit de mes peines, ou, si vous le voulez, du fruit de mes fautes? Non, non; vous pouvez prendre ma vie, que je ne veux pas défendre contre vous; mais vous ne m'enleverez pas aisément le trésor de mon cœur. Ecoutez-moi bien, Monsieur, ajouta-t-il, je fais serment aux pieds de ma chère Nadine de ne l'abandonner que par la mort. Je lui répondis en souriant que le vent dissipe les sermens amoureux dans l'air, et que Jupiter les compte pour rien. Venez, ma nièce, continuai-je en parlant à Nadine; M. le marquis ne refusera pas du moins de vous suivre. Voyant que je la prenais par la main pour la conduire dehors, il me repoussa si violemment, que je faillis à tomber, et la prenant entre ses bras, il s'assit sur une chaise, où il la tenait sur ses genoux. Elle se mit à pleurer; et lui, comme si la vue de ses larmes eût redoublé sa furie, se mit à m'accabler de reproches durs et piquans. Il me traita d'homme barbare et de cœur sans amitié, qui lui avait toujours prêché une morale contraire à ma propre pratique. Il me dit qu'outre cent témoignages qu'il avait de ma dureté, il se souvenait fort bien de l'air sec et railleur avec lequel je lui avais parlé de sa passion, lorsque j'avais quitté l'emploi de son gouverneur; qu'il ne l'oublierait jamais; que je me trompais fort si je le prenais pour un enfant, ou si je continuais à me regarder comme une personne qui avait de l'autorité sur lui; que le règne de ma férule était passé; que je me flattais aussi mal à propos d'avoir quelque empire sur ma nièce; que son père vivant encore, elle n'avait point de compte à me rendre de sa conduite; qu'elle avait été mariée; que je l'avais déjà traitée assez cruellement en la mariant avec M. de B... malgré ses pleurs et sa répugnance, et qu'elle devait me regarder plutôt comme son tyran que comme son oncle.

J'écoutai ces invectives avec patience. Ma nièce, qui sentit néanmoins qu'elles pouvaient m'offenser, se dégagea de ses bras pour me demander pardon en se jetant à mes genoux. Je lui dis que si elle conservait pour moi un peu plus de respect que le marquis, il fallait me le marquer en me suivant sans différer. Elle m'assura qu'elle était prête à me suivre. Mais ce fut alors que, ne se possédant plus, il vint la reprendre une seconde fois, en jurant effroyablement qu'il saurait bien la défendre, et contre elle-même et contre moi. Je fus épouvanté de son action. Je ne voyais guère d'autres remèdes à cette furie que la douceur; car il n'était point question de se battre, et encore moins d'appeler un secours étranger; je n'étais pas même assuré que j'eusse pu l'obtenir dans une ville qui n'est pas soumise à la France, et où les mariages clandestins ne sont point contraires aux lois: ajoutez que c'était le plus sensible outrage que je pusse faire au marquis. Je ne m'arrêtai donc point un moment à cette pensée. Il a le cœur excellent, disais-je en moi-même; ne désespérons de rien. Il y a toujours de la ressource avec les bons naturels. Tandis que je faisais ces réflexions, il adressait mille choses touchantes à ma nièce. Vous consentez donc à m'abandonner! lui disait-il. Vous voulez me ravir une occasion d'être à vous que je ne retrouverai jamais. O Dieu! sur quoi faut-il compter, si vous oubliez ainsi tous vos sermens? Ne m'avez-vous pas juré que la vue de la mort même ne vous empêcherait point de vous donner à moi? Quelle opinion voulez-vous que j'aie de votre constance? Comment puis-je croire que vous serez plus fidèle à m'aimer que vous ne l'êtes à me suivre? Vous me trahissez, je le vois trop bien ; peut-être souhaitez-vous ma mort au moment que je parle, pour avoir la liberté de retourner à votre oncle : voilà tout le progrès que j'avais fait dans votre cœur. O ciel! quel prix pour tant d'amour et de fidélité!

Je l'interrompis, en le priant de me prêter un moment d'attention. Il me répondit que j'étais son ennemi et son persécuteur, et qu'il ne voulait plus m'écouter. Je ne vous demande, lui dis-je, qu'un moment. Vous allez être convaincu, si vous voulez m'entendre, non-seulement que je vous aime, et que je ne suis point le barbare que vous pensez; mais que je souhaite sérieusement votre bonheur. Rentrons en France; je vous promets de parler de votre passion à M. le duc de la manière la plus forte. Vous me dicterez vous-même mes expressions. Ce sera ensuite à vous à soutenir votre cause, et à faire valoir l'ardeur de vos sentimens. Il vous accorda, en Espagne, la liberté d'épouser dona Diana; pourquoi ne pourrait-il pas consentir à la même chose en faveur de ma nièce? Le cas n'est-il pas à peu près le même. Allez, faites-vous un mérite auprès de lui de votre soumission. Le cœur d'un père n'est jamais impitoyable. Au reste, vous ne devez douter ici nullement de ma sincérité. Vous avez trop d'esprit pour ne pas reconnaître que si j'avais quelque dessein de vous nuire, je n'aurais pas besoin de recourir à l'artifice. Comptez que je serais le plus fort à Mons, et qu'il ne m'est pas difficile d'y obtenir du secours, s'il faut en venir à la violence pour remettre ma nièce dans son devoir. Cette dernière expression affligea Nadine. Elle me dit, en m'interrompant, que si elle s'était écartée de son devoir, elle était prête d'y rentrer. Elle s'adressa ensuite à son amant, pour lui persuader de suivre mon conseil; et elle ajouta que si elle ne pouvait le perdre sans mourir, elle aimait encore mieux la mort, que de manquer au devoir et à l'honneur. Je lui sus bon gré de cette fermeté. Le marquis parut s'ébranler. Je saisis ce moment pour les prendre tous deux par la main et pour les conduire à leur chaise. Nous partîmes enfin de Mons, en y laissant Muleid et mademoiselle Thérèse.

Je ne sais de quoi les deux amans s'entretinrent pendant quelques lieues qu'ils firent ensemble dans la même chaise; mais lorsque nous fûmes dans l'endroit où nous devions quitter la grande route de la poste pour prendre celle de la maison de ma fille, le marquis me déclara qu'il allait se séparer de nous, et suivre le chemin de Paris. Je ne m'opposai point à cette résolution. Vous devez être content, me dit-il, de mon obéissance. Je vous laisse votre nièce, quoique je pusse être plus fort ici qu'à Mons, et la tirer peut-être encore une fois de vos mains ; mais je respecte ses volontés, et je compte que vous m'accorderez deux choses : la première, de ne point la remettre dans un couvent ; l'autre, de venir me rejoindre incessamment à Paris, pour exécuter la parole que vous m'avez donnée. A ces deux conditions, ajouta-t-il, je vais vous demander pardon de ce qui s'est passé, et vous prier de me rendre votre amitié. Je lui promis, en l'embrassant, de faire ce qu'il désirait. En effet, j'y étais résolu. Je ne voyais plus d'autre moyen de finir cette affaire, qu'en y intéressant assez M. le duc pour lui faire prendre soin à lui-même de régler ou de satisfaire la passion de son fils. Je me séparai de lui avec ma nièce, pour retourner chez ma fille. Amulem cessa d'être affligé de l'enlèvement de mademoiselle Thérèse, lorsque je lui appris qu'il avait réussi heureusement, et que son fils était hors de péril. Vous souvenez-vous, me dit-il, que vous m'aidâtes à en faire autant à son âge ? Oui, lui répondis-je ; mais c'était pour une femme sur laquelle votre Empereur, à qui vous l'enleviez, n'avait pas plus de droit que vous ; au lieu que votre fils vient de ravir injustement le bien d'autrui, et de faire un tort irréparable à la famille de sa maîtresse. Ses parens, reprit Amulem, consentiront peut-être à nous la laisser : on est quelquefois assez content de trouver l'occasion de se défaire d'une fille. Vous verrez, me dit-il en riant, que le fardeau va nous demeurer sur les bras. Il pensait plus juste que je ne l'eusse cru. J'écrivis par la poste au père de mademoiselle Thérèse, qui était un bon gentilhomme de Picardie, chargé d'une nombreuse famille. Je ne lui déguisai rien de l'état et des dispositions de sa fille ; et, lui cachant seulement le lieu où elle était, je lui fis entendre que s'il voulait la reprendre entre ses mains, il n'était pas impossible de la tirer de celles de son amant. Il me fit une longue réponse, dont la conclusion était que le malheur de sa fille lui paraissait irréparable ; que puisqu'elle avait déjà couché avec son amant, il était d'avis de la lui laisser ; qu'il ne doutait point qu'elle ne pût être aussi heureuse avec un Turc qu'avec un autre homme ; ou que s'il arrivait qu'elle ne le fût pas, ce serait son châtiment ; qu'il me priait seulement d'obtenir de mon beau-frère qu'elle ne fût point gênée sur la religion. Je fis voir cette lettre à Amulem, qui en fut fort satisfait. Il me promit de ne jamais permettre qu'on l'inquiétât du côté de la conscience. L'impatience qu'il avait de revoir son fils, le fit penser aussitôt au départ. Il s'attendait toujours que je lui tiendrais compagnie jusqu'à Vienne ; mais je lui fis comprendre que l'action de Muleid ne me le permettait plus, et que je ne pouvais accompagner si long-temps un jeune homme qui enlevait une maîtresse, sans que je parusse être de moitié dans l'entreprise. Je m'engageai néanmoins à le conduire lui-même jusqu'à Mons. Je ne lui demandai que le temps de faire le voyage de Paris, pour répondre à l'attente et à l'empressement du marquis. Avant que de partir, je marquai à Muleid, par deux mots de lettres, que sa maîtresse lui était accordée, et qu'il pouvait attendre tranquillement l'arrivée de son père à Mons.

Mon voyage de Paris n'était pas une entreprise de petite importance. La seule pensée de m'ouvrir de nouveau à M. le duc sur une affaire qu'il avait rejetée plusieurs fois en badinant, me causait de la peine et de l'inquiétude; cependant j'étais résolu de lui en parler avec tant de force et d'un air si sérieux, que je l'obligerais à la regarder du même œil que moi. J'allai trouver d'abord le marquis. Il eut beaucoup de joie de me voir. Nous touchons à l'heure critique, lui dis-je, je vais vous ouvrir les avenues. C'est à vous après cela de bien ménager vos intérêts, et de ne pas vous manquer à vous-même. Il me proposa d'être avec moi dans l'entretien que j'allais avoir avec son père.

Cela ne me parut point à propos. Je me fis annoncer à M. le duc. Je fus introduit dans le moment. Après les premières civilités, je lui expliquai naturellement le sujet de ma visite. Je le priai d'abord d'être bien persuadé que j'avais employé, pour guérir M. le marquis, tout ce que la sagesse et même l'artifice peuvent mettre en usage. Je lui représentai que sa passion durait depuis près d'un an ; qu'elle avait jeté des racines si profondes, que je n'y voyais presque plus de remède ; qu'elle m'avait coûté un nombre infini de peines et de soins, la vie de mon neveu, et depuis un certain temps tout mon repos ; que si ma nièce n'eût point embrassé le christianisme, je l'eusse infailliblement renvoyée en Turquie : mais que j'ignorais même si cette voie eût réussi mieux, puisque le marquis avait été capable d'y vouloir aller lui-même. Je lui appris là-dessus l'histoire de l'enlèvement, la fuite de son fils avec Nadine, et son dessein en sortant du royaume : que j'avais été assez heureux pour l'arrêter à Mons, et pour le faire retourner en France; mais que je n'avais pu obtenir son retour, qu'à condition que je viendrais solliciter en sa faveur. Ne croyez pas, Monseigneur, continuai-je, qu'en lui promettant de vous entretenir de sa passion, j'aie eu d'autres vues que de vous rendre service dans sa personne; je sais à quel rang le Ciel à borné ma nièce, et ce ne sera jamais par mes désirs qu'elle en sortira; mais je vous prie de considérer que dans la médiocrité même de notre fortune, l'honneur et le repos nous sont chers, et qu'après avoir fait tant d'efforts pour ramener M. le marquis au devoir, j'ai lieu d'espérer que vous voudrez bien y employer aussi vos soins. Il se prépare à venir vous parler lui-même. Ne doutez-pas qu'avec beaucoup de respect pour votre personne, vous ne lui trouviez une fermeté au-dessus de son âge. Si j'ose vous donner un conseil, vous prendrez la peine de préparer votre réponse, et de la rendre telle qu'elle puisse ou le satisfaire, ou le réprimer entièrement.

M. le duc m'écouta d'un air aussi sérieux que j'avais tâché de rendre le mien. Vous me surprenez, me dit-il, en m'apprenant l'enlèvement de votre nièce et la fuite du marquis; je le croyais pendant ce temps-là dans mes terres, où il m'avait demandé la permission d'aller passer quelques jours. Je vois que sa passion est violente; mais qu'elle réponse me conseillez-vous de lui faire? Je répondis que toutes les ressources de ma prudence étaient épuisées, et que si j'eusse su quelque nouveau moyen de le guérir, je n'aurais pas manqué de l'employer. Je veux le faire appeler en votre présence, reprit M. le duc, et je lui dirai tout ce que le Ciel m'inspirera. Cette confiance aux lumières du Ciel me parut d'un goût singulier. Il le fit appeler effectivement. Le marquis me parut entrer d'un air timide. Il prit néanmoins le premier la parole. Je ne doute pas, Monsieur, dit-il à son père, que vous ne soyez maintenant instruit de mes peines. Elles sont bien redoublées par la crainte que j'ai de vous en causer peut-être quelqu'une à vous-même. Mais si le Ciel ne punit que les fautes volontaires, j'espère que je trouverai en vous la même indulgence. M. le duc lui répondit qu'en effet il avait appris de moi qu'il était amoureux ; qu'il n'était pas trop surprenant qu'il le fût à son âge ; qu'il fallait seulement savoir un peu se modérer, et qu'on en était pas moins honnête homme. Le marquis ne fut point satisfait d'une réponse si peu concluante. Il répartit pourtant, d'un ton respectueux, que la modération était une vertu bien difficile avec beaucoup d'amour, et qu'il en était si peu capable, que s'il n'eût compté sur l'affection d'un si bon père, il aurait déjà succombé à ses peines mortelles. Fort bien, me dit M. le duc en souriant, il s'exprime d'un air tendre et persuasif ; je me doute qu'il parle sur ce ton à votre nièce. Cette raillerie était peu du goût du marquis. Il reprit encore : Je ne sais, Monsieur, quelle idée vous avez de ma passion ; mais il est certain que si vous n'avez pas quelque bonté pour moi, il est impossible que je vive.

La mort me sera bien moins horrible que l'agitation continuelle où je suis. Si M. de Renoncourt vous a découvert ce qui m'est arrivé depuis huit jours, vous avez pu voir que ma conduite sent un homme qui est absolument hors de lui-même, et qui ne peut être consolé que par votre compassion. Eh bien, lui dit M. le duc, que demandez-vous de moi? Ah! mon cher père, répliqua le marquis, ce que je demande de vous? M. de Renoncourt ne l'a-t-il pas dit, et ne le voyez-vous pas bien vous-même? Non, par ma foi, répondit M. le le duc; car je vous crois trop raisonnable pour vouloir épouser votre maîtresse, et trop ami de M. de Renoncour pour vouloir coucher avec elle sans l'avoir épousée. Je vous jure, continua-t-il, que si votre belle était nièce ou fille de M. de Renoncour, qui est un homme de qualité, je vous la donnerais de bon cœur pour vous satisfaire; mais on m'a dit qu'elle n'est que la nièce de son épouse, et la fille d'un Turc. Y pensez-vous de vouloir m'allier avec Mahomet et l'alcoran ? Ce que je puis faire de mieux pour votre consolation, ajouta-t-il en riant, c'est de vous conseiller d'attendre du moins que je sois mort : vous serez le maître alors de faire une sottise; mais je n'y consentirai point pendant ma vie. Telles furent les inspirations que M. le duc reçut du Ciel.

La situation du marquis m'inspirait une vraie pitié. Je vis des larmes couler au long de ses joues. Il se tourna vers moi. Monsieur, me dit-il, vous ne dites rien en ma faveur ; ce n'est pas là ce que vous m'aviez promis. Je lui répondis qu'il ne me devait point faire de reproche, et que M. le Duc voudrait bien rendre témoignage que je lui avais fait une vive peinture de sa passion. Il se jeta aux pieds de son père : Que faut-il donc que je fasse pour vous fléchir, s'écria-t-il en soupirant, et à qui aurai-je recours, si celui qui m'a donné la vie me refuse sa pitié ? Ces paroles furent prononcées d'un ton si tendre, que M. le duc, malgré l'air de plaisanterie avec lequel il avait parlé jusqu'alors, me parut extrêmement touché : il le fit relever en l'embrassant. Mon cher fils, lui dit-il, dans le fond ta tristesse m'afflige ; mais tu me demandes une chose impossible. Je sais que le duc de Saint.... épousa la femme de chambre de sa femme, et le maréchal de Bassompierre une femme perdue ; mais quoiqu'il n'y ait nulle comparaison à faire d'elles à ta maîtresse, leur exemple ne saurait m'ébranler. Je t'aime néanmoins avec une tendresse infinie, et j'ai regret de ne pouvoir te satisfaire. Promets-moi que tu ne penseras plus à cette folle passion, et je suis prêt à t'accorder tout ce que tu désires. Le marquis assura que s'il n'obtenait point Nadine, il ne désirait que la mort. L'aime-t-elle, reprit M. le Duc, en s'adressant à moi ? Et puis sans attendre ma réponse, il se tourna vers le marquis, comme s'il eût eu quelque chose de favorable à inférer de là ; si elle t'aime, lui dit-il, elle consentira à tout pour être à toi. Épouse la en secret pour quelques années, à condition qu'elle entrera dans un couvent lorsque je jugerai à propos de te marier dans les formes. Je ne pus m'empêcher de faire entendre sérieusement à M. le duc qu'une raillerie de cette nature ne convenait ni à la vertu du marquis, ni à celle de ma nièce. Il avait ce jour-là tant d'inclination pour la raillerie, qu'il m'en fit une à moi-même de mes scrupules. Cependant, pour terminer notre principale affaire d'une manière qui pût assurer mon repos, je dis au marquis : Vous voyez, Monsieur, que j'ai rempli mon engagement. Je suis venu à Paris, j'ai expliqué toute l'ardeur de votre passion à monseigneur le duc, il ne dépend point de moi que vous soyez plus heureux : c'est la faute de la fortune qui vous a fait naître trop grand. Je compte donc que vous allez travailler à devenir tranquille : nous le serons aussi beaucoup davantage ; car vous n'ignorez pas que les passions d'une jeune fille comme ma nièce, causent de grands dérangemens dans une famille.

Je pris congé de M. le duc et de lui,

et je sortis de la chambre. Il me suivit presque aussitôt. Je voudrais être né paysan, me dit-il la larme à l'œil, j'aurais du moins un père qui ressentirait les tendresses du sang, et qui ne prendrait pas plaisir à me rendre malheureux : que me revient-il de ma naissance, sinon d'être contraint dans toutes mes inclinations ? Mes laquais sont plus heureux que moi. Que je devrais vous haïr, continua-t-il en me regardant, pour m'avoir arrêté à Mons! Je vivrais à présent dans le plus parfait bonheur ; je serais auprès de Nadine, je l'adorerais, j'en serais aimé. O Dieu! que je serais heureux! Il ajouta mille choses que sa doulour lui inspirait, en maudissant sa grandeur et tous les ducs et pairs du royaume. Je ne lui avais jamais vu répandre tant de larmes. Je l'exhortai encore au courage et à la patience. Lorsque je lui parlai de le quitter, il refusa de me laisser sortir. Ah! me dit-il, permettez que je vous entretienne de mes peines. Vous allez voir Nadine, et je demeure ici loin d'elle! Quelle horrible vie vais-je mener! Dites-lui du moins que je meurs pour elle; que je n'ai plus de bonheur à attendre dans une vie qu'il faut passer sans elle; que je ne ferai que languir tristement jusqu'à la mort. Dites-lui... Il s'arrêta comme s'il eût été frappé de quelque réflexion nouvelle: Non, reprit-il tout d'un coup, ne lui dites rien; mais accordez-moi la dernière grâce que j'ai à vous demander, après quoi je cesse pour jamais d'importuner votre amitié. Souffrez que je parte avec vous, et que j'aille dire le dernier adieu à Nadine. Je lui répondis que M. le duc s'étant expliqué d'une manière à lui ôter toute espérance, ce voyage me paraissait inutile, ou ne servirait qu'à lui préparer de nouvelles peines. Il me pressa néanmoins tellement, que je fus obligé d'y consentir, à condition qu'il en obtiendrait la permission de son père. Il l'obtint: nous partîmes ensemble.

Je ne doute point que Nadine, le voyant arriver avec moi, ne se flattât que le succès de mon voyage avait répondu à ses désirs. Je ne la laissai point long-temps dans l'erreur. Monsieur le marquis, lui dis-je, vient vous voir pour la dernière fois. Marquez-lui toute la reconnaissance que vous devez pour l'honneur qu'il vous fait ; mais songez qu'il n'est plus question d'amour, ni pour vous ni pour lui. Il s'approcha d'elle d'un air respectueux, et il lui baisa la main. Il fit quelques plaintes générales du malheur de son sort, auxquelles elle répondit avec modestie. Je compris, par la réserve avec laquelle il parlait en présence de la famille, que son espérance était de l'entretenir en particulier; mais n'ayant point envie de lui en laisser la liberté, j'affectai de demeurer toujours dans la salle, comme si je n'eusse point eu d'autre dessein que de lui tenir compagnie. Enfin le soir approchant, et concevant sans doute qu'il serait continuellement observé, il prit une résolution à laquelle je ne m'attendais point. Il me pria de faire appeler mon gendre, ma fille et Amulem, qui étaient sortis de la salle, et il me dit en leur présence : Je suis bien-aise, Monsieur, de vous découvrir publiquement le motif que j'ai eu de vous accompagner ici. Depuis que mon père s'est expliqué si positivement, la connaissance que j'ai de son humeur m'a fait désespérer de le fléchir; mais s'il a droit de s'opposer à ma passion, il n'aura jamais le pouvoir de l'éteindre. Je prends Dieu à témoin qu'elle durera autant que ma vie, et je jure, par tout ce qu'il y a de plus saint, que je ne prendrai jamais d'autre engagement. Si le Ciel m'ôte du monde avant mon père, je mourrai avec ce sentiment dans le cœur; s'il retire mon père avant moi, je viendrai offrir aussitôt à votre nièce un empire aussi absolu sur ma fortune qu'elle l'a maintenant sur mon ame. Consentirez-vous à l'accepter, continua-t-il, en s'adressant à ma nièce? Puis-je espérer que tandis que j'irai loin de vous me consumer de langueur et d'ennui, vous conserverez le souvenir de mon amour, et un peu de fidélité pour vos promesses? Il lui prit la main, et en la tenant dans les siennes il lui mit au doigt un diamant, sans qu'elle ni moi nous nous en aperçussions. Il me le fit voir après l'avoir mis, et baisant une seconde fois la main de ma nièce : Que le Ciel, lui dit-il, me punisse et me tourmente avec tout son courroux, si je romps jamais la foi que je vous donne en présence de toute votre famille. Surpris de cette action, j'ordonnai à Nadine de lui remettre la bague; mais il se leva sans attendre un moment, et prenant lui-même le chemin des écuries, il fit préparer sur-le-champ ses chevaux. Mes instances furent inutiles pour lui faire passer la nuit au logis. Il partit sans proférer un seul mot, hors la prière qu'il me fit de permettre qu'il écrivît quelquefois à ma nièce.

Elle s'était retirée pendant ce temps à sa chambre, d'où l'on eut beaucoup de peine à la faire descendre pour souper. Elle n'avait plus le diamant du marquis au doigt. Je la priai de me le faire voir, et l'ayant envoyé quérir, je fus incertain si je lui permettrais de le conserver : il ne valait pas moins de mille écus. Elle me parut si triste, que je n'eus point le cœur de l'affliger davantage en le lui ôtant. J'affectai même de ne point parler du marquis, et de ne nous entretenir que du départ d'Amulem, qui voulait prendre le chemin de Mons dès le lendemain. Il s'était pourvu d'un carrosse et de six chevaux. Une partie de la famille se mit dans celui de ma fille, et l'autre dans le sien, pour lui tenir compagnie et pour aller dire adieu à Muleid. Nous arrivâmes le lendemain à Mons. Amulem fut charmé de la beauté de mademoiselle Thérèse. Il ne parraissait pas que son affection eût diminué pour son amant. Elle eût souhaité, disait-elle, d'être déjà à Amasie. Je fis compliment à Amulem sur ce qu'il ne perdait rien en nous laissant Nadine, puisqu'il avait retrouvé si tôt une autre fille. Nous nous séparâmes avec mille marques de regret et d'amitié, après que j'eus bien recommandé à madmoiselle Thérèse de demeurer attachée du moins au christianisme, et à Muleid de lui en accorder toujours la liberté. Cette jeune créature avait à peine seize ans. Son père l'avait abandonnée, comme j'ai dit, à sa destinée. Je ne sais si cette indifférence sera approuvée de tous mes lecteurs.

LIVRE QUINZIÈME,

ET DERNIER.

Lorsque j'eus pris quelques jours de repos pour me remettre de l'agitation de tant d'événemens, je commençai à réfléchir sur ma propre condition. Il était temps d'exécuter mes projets de retraite. Je me voyais libre. Combien d'obstacles et de chaînes avais-je rompus ! J'en remerciai le Ciel avec le plus vif sentiment de mon ame ; et sans différer davantage, j'écrivis au père prieur de l'abbaye de.., pour le prier de me faire préparer mon ancien appartement. L'unique inquiétude qui pouvait me troubler encore, était pour Nadine. J'avais regret de la laisser après moi sans établissement et sans état arrêté. Elle n'était point à plaindre du côté de la fortune : la générosité de miladi R..... l'avait rendue assez riche pour se passer de secours; mais elle était encore dans l'âge le plus tendre. Elle était bonne et sans artifice. Je craignais de la laisser exposée à tous les périls qui environnent sans cesse une jeune personne, surtout lorsqu'elle joint un bon naturel à beaucoup de beauté, sans compter que je n'étais pas encore tranquille de la part du marquis; car quel fond pouvais-je faire sur la modération d'un jeune homme dont la vivacité m'était connue, et qui savait prendre si peu d'empire sur lui-même! J'aurais souhaité qu'il se présentât quelque nouvelle occasion de la marier; cependant ce souhait même, je ne le formais pas sans répugnance. Je ne suis point barbare. Je savais quelle violence cette aimable enfant s'était déjà faite pour épouser M. de B... Mon cœur en avait saigné. Je ne voulais pas être toujours son tyran. Sa douceur, son respect pour mes volontés, et cent charmes naturels que je ne pouvais m'empêcher d'admirer, méritaient un meilleur sort. Après avoir long-temps médité là-dessus, je m'imaginai que l'air de la ville pourrait mettre un peu de changement dans ses inclinations, et lui faire oublier le marquis. Les impressions qui se font par les yeux sont plus fortes que celles de la mémoire. La vue d'un nouvel amant, disais-je, affaiblira peu à peu ses vieilles chaînes. J'en parlai à mon gendre et à ma fille. D.... est une bonne ville qui n'est point éloignée de leur maison. Je leur conseillai d'y aller passer l'hiver avec leur famille. La résolution en fut prise à l'instant. Nadine l'apprit; mais elle en avait déjà formé une qu'il lui tardait d'exécuter, et dont elle vint le jour d'après me faire l'ouverture.

Elle me dit qu'après avoir réfléchi sérieusement sur l'état de son cœur, et sur celui de ses espérances, elle ne prévoyait pour elle qu'une vie amère et malheureuse; qu'elle aurait mauvaise grâce de vouloir me déguiser son affection extrême pour le marquis; qu'elle m'avouait que ce cher amant occupait tous les endroits sensibles de son ame; mais qu'étant néanmoins assez raisonnable pour reconnaître l'impossibilité d'être à lui, elle avait promis au Ciel de n'être à personne; que sa résolution était d'entrer pour toute sa vie dans un couvent; qu'elle me priait d'en choisir un moi-même, et de différer le moins qu'il me serait possible; qu'elle avait formé ce dessein dès notre premier retour de Mons, qu'elle y avait été confirmée par la dernière visite du marquis, et par le serment qu'il lui avait fait de se conserver pour elle; qu'elle le connaisssait assez pour être assurée qu'il ne deviendrait point parjure; mais qu'elle voyait si bien que dans quelque situation qu'il pût se trouver, il ne lui serait jamais permis de l'épouser, qu'elle se croyait obligée d'entrer dans le cloître, pour lui rendre la liberté de disposer de lui; que tout dur que ce sacrifice était pour elle, elle sentait une joie délicate de pouvoir donner cette preuve d'une extrême tendresse a son amant; qu'elle ne doutait pas néanmoins qu'il ne fît bien des efforts pour s'y opposer; mais qu'il serait aisé de lui cacher son dessein et le lieu de sa retraite jusqu'au temps du dernier engagement.

Je ne manquai point de lui représenter tout ce que je crus propre à lui faire perdre cette envie. Je ne me contentai pas même de lui faire jeter les yeux sur le monde, pour lui faire apercevoir mille plaisirs innocens qu'elle allait perdre; je la pris aussi du côté de la religion. Une victime, lui dis-je, offerte à Dieu par des motifs si profanes, ne saurait être devant lui d'une agréable odeur. C'est à votre amant que vous vous sacrifiez : quel compte le Ciel doit-il vous en tenir? Vous sentirez toutes les peines du cloître, vous n'en aurez pas la seule douceur, qui est l'imagination du moins qu'un genre de vie si austère et si singulier sera récompensé ; vous aurez déjà reçu votre récompense par cette satisfaction délicate que vous prétendez sentir à donner une telle preuve d'amour au marquis; et lorsque cette tendre vapeur viendra à se dissiper, vous vous trouverez livrée à vous-même, avec aussi peu de consolation de la part des hommes que de celle de Dieu. Mes remontrances furent beaucoup plus longues; mais elles n'eurent pas assez de force pour altérer sa résolution. Elle me déclara même nettement que si je refusais de lui procurer l'entrée de quelque monastère, elle retournerait au couvent d'où le marquis l'avait enlevée. Je passe sur mille efforts d'amitié et de caresses que ma fille et mon gendre firent pour l'ébranler. Sa constance triompha de tout. Je fus obligé de lui chercher une maison religieuse où elle pût être agréablement. Elle voulait que je lui choisisse une campagne; mais j'exigeai absolument qu'elle fût dans une ville. Je me déterminai pour la célèbre abbaye de C...., où la plupart des religieuses sont des filles de condition, et où l'on reçoit d'ailleurs, pour adoucir la clôture, un grand nombre de pensionnaires. Je me rendis avec elle à cette abbaye. Le marché fut conclu aisément. Mon dessein était de la reconduire chez ma fille avant que de l'y laisser entrer, ne l'ayant amenée que pour reconnaitre le lieu. Mais je la pressai inutilement de retourner. Non, non, me dit-elle, on ne sort jamais du tombeau. Voici le mien. J'y veux être ensevelie dès ce moment.

Elle pria l'abbesse de lui faire ouvrir la porte intérieure. Je l'accompagnai jusqu'aux derniers lieux où il est permis à notre sexe d'entrer. Elle s'arrêta pour me donner le dernier embrassement. Il me fut impossible de retenir mes larmes. Elle affecta d'abord de montrer plus de fermeté que moi ; mais ses yeux se grossirent malgré elle, et elle en répandit en abondance. Adieu, mon cher oncle, me dit-elle en me serrant dans ses bras, ayez pitié de votre malheureuse nièce; souvenez-vous quelquefois d'elle, comme vous feriez d'une personne morte qui vous aurait été chère. Comme j'étais fort attendri de ses pleurs, et que je ne savais pas précisément quelle en était la cause, je priai madame l'abbesse de se retirer, et de nous laisser seuls un moment. Je répétai alors une partie de ce que je lui avais dit chez ma fille. Consultez bien vos forces, ajoutai-je, n'écoutez pas trop une passion désespérée qui va vous exposer peut-être à d'amers repentirs. Une vie heureuse et tranquille ne saurait être le fruit d'une résolution violente. Considérez ces grilles armées de fers, et ces murs épais qui vont vous retenir malgré vous. Je tremble, ma chère nièce, pour le bonheur de vos jours; les larmes que vous me voyez répandre viennent de mon inquiétude et de ma tendresse pour vous.

Elle me répondit que les siennes ne venaient ni de la vue des grilles que je lui montrais, ni de ses craintes pour l'avenir; mais qu'elle me priait de les pardonner au sentiment d'une douleur dont je n'ignorais pas la cause. Ah! continua-t-elle, quelle va être l'affliction du marquis, lorsqu'il apprendra qu'il me perd, et que c'est moi-même qui me dérobe à lui! Mon Dieu! que serait-ce s'il allait tourner son désespoir contre lui-même! Comment puis-je en effet l'abandonner après tant de sermens que je lui ai faits d'être fidèle! Ne suis-je pas bien misérable de trahir un amant si tendre, et qui m'aime plus que sa fortune et sa propre vie! Dites-le moi vous-même, mon cher oncle, ajouta-t-elle, n'est-ce pas le comble de la dureté; et le Ciel me pardonnera-t-il ma perfidie? Pour ce qui regarde vos sermens, lui répondis-je, si vous en avez fait au marquis, je ne crois pas qu'ils vous lient beaucoup; vous aviez l'un et l'autre fort peu de droit de les faire. Mais je ne puis vous laisser ici dans le désordre où vous êtes. Il faut absolument que vous retourniez avec moi chez ma fille. Il est toujours temps d'entrer ici; mais il ne le sera pas toujours d'en sortir. Mes raisonnemens furent des paroles perdues. Elle pria l'abbesse de s'approcher, et m'ayant embrassé une seconde fois sans ouvrir la bouche, elle entra dans cete terre de silence et d'oubli, pour n'en sortir jamais.

Je m'arrêtai seul dans un parloir voisin, où je me mis à rêver en admirant sa résolution. Je m'y serais néanmoins opposé malgré elle, et j'aurais trouvé assurément le moyen de l'arrêter, si je n'eusse fait réflexion que son ardeur pourrait se refroidir avant l'engagement. Le noviciat dure plus d'une année, et j'avais dessein avec cela de prier l'abbesse de ne se pas presser de lui faire prendre l'habit religieux. Ma rêverie dura long-temps dans ce parloir. Jamais le monde ne m'avait paru si petit et si méprisable qu'il me paraissait de là. Voyez, disais-je, une passion amoureuse suffit pour le faire haïr. Une jeune femme, un enfant de quinze ou seize ans l'abandonne sans retour! Elle le sacrifierait tout entier à son amant; et elle a la force de sacrifier son amant même avec lui! A quoi? A un vain fantôme de délicatesse et de générosité d'amour. Le monde est donc quelque chose de bien faible et de bien impuissant!

Ses biens et ses plaisirs, qu'on appelle des chaînes pesantes, ne doivent donc le paraître qu'à des ames lâches, qui n'ont pas une étincelle de courage pour les rompre ! Comment dois-je les regarder, moi qui ne l'ai connu que par ses amertumes et ses disgrâces ! Moi qui suis au bord du tombeau, et qui serai bientôt obligé de le quitter par la nécessité de la nature, quand je ne serais pas porté à le haïr par l'expérience de ses misères et par les lumières de ma raison. O chère solitude ! ajoutai-je, avec une espèce de transport ; doux asile d'un cœur agité trop long-temps par les caprices du monde et par les passions, me serez-vous bientôt rendu ? Ne me sera-t-il pas permis de faire du moins un essai du repos, avant que de passer à l'éternelle tranquillité du tombeau !

Je demandai encore à voir un moment ma nièce à la grille. Elle y vint. Ses yeux étaient encore humides de pleurs. Adieu, lui dis-je, adieu, ma chère Nadine. Je vais suivre votre exemple, et, selon les apparences, c'est pour la dernière fois que je vous parle. Adieu, ma chère enfant. Je vais prier le Ciel de rendre la paix à votre cœur, et de vous faire trouver ici plus de bonheur que dans le malheureux monde que vous avez quitté. Puissiez-vous apprendre à goûter la solitude, puisque vous la choisissez pour le partage de vos jours ! Puissiez-vous donner à votre sacrifice une intention pure et chrétienne, et des vues dignes du maître que vous allez servir ! C'est de lui-même qu'il faut attendre cette faveur. Il l'accorde quand il lui plaît. Sa main s'ouvre et se ferme par des jugemens d'une profondeur infinie. Je le solliciterai sans cesse pour ma chère nièce avec toute l'ardeur de mon ame. Adieu, tendre victime, que ne puis-je dire de l'amour divin ! O Ciel ! ajoutai-je, quand vous rendrez-vous le maître d'un cœur si bon et si tendre ? Quand lui ferez-vous sentir que sa félicité consiste à vous servir et à vous aimer ? Elle répondit peu de choses à ce long discours. Elle me pria de faire ses amitiés à sa famille, et de prendre soin que le marquis ne fût point informé du lieu de sa retraite. Je la quittai en lui recommandant de m'écrire, et de me marquer sincèrement ses dispositions, s'il arrivait qu'elle prît quelque dégoût de la solitude.

Je retournai chez ma fille. Elle fut fort surprise de me voir arriver seul. Je lui racontai toute l'histoire de mon voyage, dont elle fut touchée jusqu'aux larmes. Je lui dis que mon tour était venu, et que j'allais au premier jour imiter ma pauvre nièce. J'ajoutai que je prévoyais toutes les difficultés et les objections que son amitié m'allait faire; mais que c'était une résolution si déterminée, qu'elle ne devait rien espérer de ses prières et de ses instances. Je lui fis même promettre qu'elle me laisserait absolument tranquille sur cet article. Cependant, il se présenta encore deux légers obstacles qui reculèrent de quelques semaines l'exécution de mon dessein. J'avais trouvé, en arrivant chez ma fille, une réponse du père prieur de..., à la lettre que je lui avais écrite huit jours auparavant, pour le prier de me recevoir une seconde fois dans son abbaye. Il m'accordait ma demande avec sa civilité ordinaire. Je m'occupai pendant quelques jours à recueillir mes livres, et à faire mes adieux à nos voisins. Un jour, au moment que je m'y attendais le moins, et que je ne pensais plus qu'à partir, je reçus une lettre du vicomte d..., frère du prince de R..., par laquelle il me priait, en qualité de parent, de me rendre au château de B..., où tous ses parens et ses alliés devaient s'assembler pour une affaire qui concernait l'honneur de sa maison. J'avais entretenu si peu de liaison avec eux, quoique liés d'assez près par le sang, que je balançai si je retarderais mon départ pour le satisfaire. Cependant, comme j'étais seul de mon nom qui pût se rendre à B..., les enfans du feu comte de..., mon oncle, étant à peine au-dessus de l'enfance, je me résolus d'entreprendre ce voyage. J'arrivai au château de B..., où je trouvai qu'une partie de la compagnie était déjà assemblée. Madame la princesse de R... était morte depuis huit jours, et sa fille aînée peu de temps avant elle. J'appris cette nouvelle en arrivant. M. le prince de R... était d'une faiblesse d'esprit qui le rendait incapable de prendre soin de ses affaires; de sorte que le vicomte son frère avait été obligé de suppléer à sa place dans l'affaire importante dont il était question, et c'était lui qui devait présider en quelque sorte à l'assemblée. En attendant l'arrivée de plusieurs personnes qui manquaient encore, je me fis instruire du fond de l'aventure pour laquelle nous étions appelés. Voici ce qu'on me raconta.

M. le prince de R..., chef de l'illustre famille de B..., avait eu quatre filles de son épouse, sans en avoir aucun enfant mâle. Il était, comme je l'ai dit, d'un esprit faible jusqu'à l'idiotisme, uniquement occupé de ses dévotions, et dominé impérieusement par son épouse, qui avait toutes les qualités opposées. C'était une dame qui avait su prendre les airs convenables à sa naissance, quoiqu'elle eût passé la plus grande partie de sa vie dans la province. Elle aimait le jeu, la dépense et les parties de plaisir ; la galanterie même ne lui était pas inconnue. Elle avait besoin de ces passe-temps pour se consoler de la froideur stupide d'un époux qui n'était point capable d'honnêteté ni de complaisance pour elle. Telles étaient ses occupations, lorsqu'un gentilhomme voisin de Saint O..., qui se nommait le comte de B..., entreprit de s'insinuer dans sa faveur. Il passait pour un des gentilshommes de la province les mieux faits et de la meilleure mine. Il n'était pas riche, et sa pauvreté avait peut-être été la première cause de son amour pour la princesse, qui jouissait pour le moins de soixante mille livres de rente. Il avait été marié, et il lui restait de son épouse un fils unique qu'il faisait appeler le baron de L..., homme d'une figure désagréable, et qui avait, outre cela, la mauvaise qualité d'être punais. Le comte de B... eut donc l'adresse de s'introduire dans la maison de la princesse de R.... Il la prit par tous ses faibles; il la flatta, il sut faire le passionné; en peu de temps il se mit au-dessus de la concurrence, et supplanta tous ses rivaux. La princesse ne voyait plus que par ses yeux, bientôt elle ne fit plus rien que par ses mains. Il se chargea de l'administration de ses biens, et du gouvernement de son domestique. Il ne lui manquait que le nom pour être maître absolu de la dame et de toute la famille. Si le comte eût su se borner, il eût peut-être tiré de ce commerce des utilités plus solides; mais l'ambition et l'intérêt l'aveuglèrent. Il commença par se rendre odieux dans la famille, par la manière haute et fière dont il traitait les domestiques. L'intendant surtout, qui était un homme d'esprit et d'honneur, souffrait impatiemment les airs d'autorité de cet étranger. Il n'osait adresser ses plaintes, ni à la princesse, qui était l'esclave de son amant, ni au prince que le comte traitait en imbécille, ni aux jeunes demoiselles qui avaient été élevées dans une crainte et un respect infini pour leur mère. L'aînée commençait néanmoins à sentir la dureté du joug; mais elle en était plus à plaindre de le sentir sans pouvoir l'éviter. La tyrannie du comte alla si loin, qu'il perdit toute mesure et tout ménagement à l'égard du prince. Il lui fit affront plusieurs fois en public; il régla la petite somme qu'il aurait à dépenser pour ses plaisirs, et il s'en faisait un, en compagnie, de lui offrir quelquefois un ou deux louis d'or, que l'autre recevait respectueusement comme une grâce. Mais c'était trop peu que cet empire pour les désirs du comte. Il avait formé un projet de plus haute importance, auquel il rapportait depuis long-temps tous les soins qu'il rendait à la princesse. C'était de faire épouser à son fils l'aînée des demoiselles, et de transporter ainsi dans sa famille le titre et les biens de la maison de B... Il ménageait ce dessein avec toute l'adresse dont il était capable. Loin de le proposer à la princesse, il l'avait amenée au point de lui en faire la proposition elle-même. Il affecta d'abord d'en être surpris, et de la regarder comme une chose au-dessus de ses espérances. Ce désintéressement la confirmait dans l'estime qu'elle croyait lui devoir, de sorte qu'elle vint non pas peut-être à souhaiter ce mariage plus que lui, mais à marquer hautement ses intentions à cet égard, pendant qu'il ne faisait que les entretenir secrètement par ses artifices. L'intendant fut un des premiers de la maison qui sut cette nouvelle. Sa haine pour le comte, autant que son zèle pour ses maîtres, le porta à traverser de toutes ses forces cet odieux complot. Il s'adressa d'abord à la jeune demoiselle, qu'on destinait au baron de L... Elle ignorait encore le coup qu'on allait lui porter. Sa surprise fut extrême, et son indignation encore plus grande. Il l'entretint autant qu'il put dans ces sentimens. Comme ce fut par lui-même que je me fis raconter cette histoire, je puis la mettre dans sa bouche, pour épargner mon à lecteur l'ennui d'un récit trop simple, et dénué d'action et de sentimens.

Je fis sentir vivement à ma jeune maîtresse, me dit l'intendant, le tour qu'on lui préparait, et la honte qui rejaillirait sur toute la maison de B..., si les titres et les richesses de la principale branche passaient dans une famille qui n'avait pas cent ans de noblesse, ni cent mille livres de bien. Je lui représentai avec cela dans quelles mains elle tomberait, en épousant un vilain homme qui ne pouvait même être souffert en compagnie à cause de ses infirmités dégoûtantes, et qu'une fille du commun n'aurait pas voulu accepter pour époux. J'exagérai la tyrannie du comte, ses airs méprisans, surtout à l'égard de M. le prince, pour qui il manquait de respect en toute occasion ; et quoique je n'osasse lui apprendre tout ce que je savais de son commerce avec madame la princesse, je ne laissai pas de lui faire entendre adroitement quantité de choses qu'elle ignorait, et qui lui causèrent la dernière surprise. Après lui avoir communiqué une partie de mon horreur pour le comte et pour son fils, je lui donnai quelques conseils sur la manière dont elle devait se conduire. On ne manquera point, lui dis-je, Mademoiselle, de vous faire bientôt la proposition du mariage. Si vous en avez l'éloignement que vous devez, je suis d'avis que vous la receviez d'abord avec mépris et avec dédain, plutôt qu'avec colère. Si l'on revient à la charge, comme on ne manquera pas d'y revenir, l'unique réponse que vous puissiez faire, c'est que dans une affaire de cette importance, où il s'agit de l'honneur de toute la maison de B..., vous êtes résolue de ne rien entreprendre sans avoir consulté toute votre illustre famille. Enfin je la priai de m'avertir de la manière dont on en userait avec elle, afin que je pusse lui donner mes avis selon les occasions. Il ne se passa pas long-temps sans qu'elle en eût besoin. Madame la princesse l'ayant fait appeler, lui déclara ouvertement qu'elle avait disposé d'elle en faveur du baron de L..., et qu'il fallait qu'elle se préparât à lui donner la main. Cette jeune demoiselle, frappée apparemment du ton impérieux de sa mère, qu'elle était accoutumée à respecter, n'eut pas la force d'exécuter les résolutions que je lui avais fait prendre. Elle n'eut pas même celle de lui faire la moindre réponse. Elle la quitta avec une révérence fort soumise, et elle me fit donner ordre aussitôt de me rendre dans son appartement. Je la trouvai toute en pleurs. Elle me raconta ce qui venait de lui arriver avec sa mère, sans me cacher la faiblesse qu'elle avait eue de n'oser lui répondre. Je fus irrité dans le fond de cette timidité à contre-temps; et, pour exciter un peu sa hardiesse, j'affectai de regarder son mariage comme absolument certain, et de la plaindre d'une nécessité si fâcheuse. Elle me pria d'avoir pitié d'elle, et de la sauver d'une chose qu'elle craignait plus que la mort. Quel moyen, lui dis-je, de vous sauver, lorsque vous prenez plaisir vous-même à vous perdre? Je ne doute point, Mademoiselle, ajoutai-je, que le baron de L.... n'ait su vous paraître aimable, puisque vous n'avez point eu le courage de le refuser pour époux. Comptez qu'il a fait dans votre cœur des progrès que vous ne savez peut-être point encore, mais qui sont réels et très-avancés; car il ne peut y avoir qu'une telle raison qui ait pu vous inspirer tant de timidité. S'il est donc vrai que vous l'aimez, le respect que j'ai pour vous saura bien m'empêcher de me plaindre de votre mariage, ou de vous en parler comme d'une tache pour votre honneur et pour celui de la maison de B... Je la mis, par ce discours, dans une disposition à tout entreprendre. Elle me dit qu'elle était prête de retourner à sa mère, s'il le fallait, et de lui déclarer qu'elle choisirait la mort plutôt que le baron. Non, repris-je, il faut attendre qu'il s'en offre une autre occasion; mais si le baron vient vous parler de galanterie et d'amour, c'est sur lui-même qu'il faudra faire tomber directement vos mépris. Traitez-le avec une hauteur qui puisse lui ôter la pensée de revenir. Elle me le promit, je la quittai pour lui laisser préparer les termes dont elle se servirait. Le baron vint en effet la voir l'après-midi en particulier. Il lui parla comme un homme qui était destiné à l'honneur d'être son époux, et qui, n'ayant point d'inquiétude sur son sort, dont il était assuré, souhaitait seulement de le rendre plus agréable en obtenant le cœur de son épouse avec sa main. Elle écouta son compliment sans le regarder. Elle lui dit enfin, lorsqu'il eut achevé de parler, qu'elle avait voulu l'entendre jusqu'au bout, parce qu'elle ne pouvait s'assurer d'abord de ce qu'il avait à lui dire; mais que, puisqu'il s'était oublié jusqu'à ce point, elle allait appeler du monde, et le faire jeter par les fenêtres, s'il ne se retirait promptement. Il voulut répondre et justifier sa hardiesse par l'ordre qu'il avait reçu de la princesse et de son père. Elle ne fit que lui jeter un coup d'œil méprisant, et appeler en effet quelques domestiques. Il sortit de sa chambre avec beaucoup de honte, et il alla se plaindre à son père de la fierté avec laquelle il avait été traité. Le comte, qui était lui-même extrêmement fier, fut piqué jusqu'au vif de l'infortune de son fils. Il communiqua son ressentiment à la princesse, qui fit donner ordre sur-le-champ à sa fille de la venir trouver. Elle vengea le baron par les reproches durs et humilians dont elle l'accabla : elle la menaça des derniers effets de sa colère; et pour conclusion, elle lui protesta que si elle continuait à s'opposer le moins du monde à ses volontés, elle l'enfermerait pour toute sa vie dans un couvent, et qu'elle substituerait sa cadette au droit d'aînesse. La pauvre demoiselle tremblait de toute sa force au sortir de cette terrible conversation. Comme j'avais appris qu'elle avait reçu la visite du baron, et que peu après elle avait été appelée par sa mère, je m'étais imaginé une partie de la vérité, et j'étais dans sa chambre à l'attendre lorsqu'elle revint. Sa consternation paraissait sur son visage. Elle me dit qu'elle était perdue; qu'elle venait d'être traitée comme une misérable; qu'on avait été jusqu'à la menacer de lui ôter ses droits d'aînesse, et de la mettre dans un couvent; qu'elle était tentée d'y aller volontairement, pour prévenir des malheurs qu'elle ne croyait pas pouvoir éviter. Je lui répondis qu'elle perdait trop tôt courage. Je lui demandai si elle n'avait rien opposé au discours de sa mère. Rien, me dit-elle : elle m'aurait assurément maltraitée, si j'avais osé lui répondre. Je vois bien, repris-je, qu'il faut vous rendre service malgré vous-même. En premier lieu, soyez persuadée que la menace de vous priver de vos droits, et de vous mettre malgré vous dans un couvent, est une pure chimère. Vos droits ne dépendent ni de la princesse ni du comte. Pour ce qui regarde les visites du baron, qu'on veut vous forcer de recevoir, recevez-les pour conserver la paix; mais ne relâchez rien du mépris que vous lui avez marqué. Il se rebutera peut-être lorsqu'il verra votre constance à le rejeter. Si l'on vous presse d'en venir à la conclusion, j'écrirai à M. le vicomte votre oncle et à vos plus proches parens. Il n'est pas possible qu'ils vous laissent opprimer si indignement, et qu'ils ne s'opposent point, pour leur propre honneur, aux injustes desseins du comte. Elle me promit de suivre exactement mes conseils. Je n'aurais pas tardé si long-temps à donner avis à M. le vicomte de tout ce qui se passait, si mon attachement pour la maison ne m'eût fait craindre d'y mettre la division et le trouble. J'étais résolu d'attendre à l'extrémité pour recourir à ce remède. J'ai eu tort, continua l'intendant, car les désordres que j'appréhendais de-là ne pouvaient guère être plus funestes que ceux qui sont arrivés depuis, et que je dois peut-être attribuer à mon silence. Le baron renouvela ses visites, par l'ordre de la princesse. Elle l'amena elle-même dans la chambre de sa fille, à qui elle commanda de le recevoir comme un gentilhomme qui devait être son époux. Elle les laissa seuls. Mademoiselle de R..... écouta les galanteries du baron, sans répondre ; et elle continua de tenir la même conduite dans les visites qu'il lui rendait deux ou trois fois le jour. La princesse en fut informée. Elle lui en fit un nouveau crime, et ses persécutions furent si violentes, que le chagrin que cette pauvre demoiselle en conçut lui causa une maladie de langueur, qui la mit en deux ou trois mois au tombeau. Cette mort ne fit point ouvrir les yeux à la princesse. Au contraire, elle s'applaudit d'être défaite de son aînée, et elle se promit de trouver plus de facilité dans sa seconde fille. Son dessein ne fit donc que changer d'objet. Ces soupirs intéressés du baron se tournèrent facilement vers une nouvelle maîtresse. Mademoiselle de R..., en entrant dans tous les droits de sa sœur, devint aussi l'héritière de toutes ses peines.

Ce changement me causa beaucoup de chagrin. J'étais obligé de recommencer tous mes efforts pour mettre cette jeune demoiselle dans les mêmes sentimens que j'avais tâché d'inspirer à sa sœur. Elle était beaucoup plus jeune, et je craignais d'avoir moins de facilité à réussir ; cependant mon zèle surmonta les difficultés. Je l'enflammai tellement par le récit des peines qu'on avait causées à sa sœur aînée, qu'elle jura de garder encore moins de ménagement qu'elle avec le baron, et même avec la princesse sa mère. En effet, l'occasion s'étant présentée de déclarer ses sentimens au baron, elle le fit avec une hauteur qui lui aurait fait perdre toute espérance, s'il n'eût été soutenu par la princesse et par le comte. Cette dame, qui voulait le mariage à quelque prix que ce fût, et qui avait reconnu, par l'exemple de sa première fille, qu'il n'est pas toujours à propos d'employer la violence, essaya d'abord de gagner celle-ci par des voies plus douces. Elle ne lui parla pas tout d'un coup des vues qu'elle avait sur elle. Elle lui prodigua ses caresses et sa confiance. Elle la mit dans tous ses plaisirs. Elle la prenait souvent, avec le comte et le baron, pour passer la nuit au jeu ou à table en partie carrée. Là, par les libertés qu'elle accordait au comte en sa présence, elle tâchait de lui inspirer le goût de l'amour; et le baron ne s'épargnait point pour lui faire imiter l'exemple de sa mère. Elle aurait succombé infailliblement, si je n'eusse pris soin tous les jours de la fortifier par mes conseils. L'horreur que j'avais pour son amant me tenait lieu d'éloquence. Je fis tant d'impression sur elle, qu'elle se résolut à rompre entièrement un commerce qui n'allait à rien moins qu'à la déshonorer. Elle refusa les nouvelles parties de plaisir qu'on lui vint proposer, et elle bannit absolument le baron de sa présence. La princesse, étonnée d'un changement si imprévu, en soupçonna la cause. Les fréquentes conversations que j'avais eues avec sa fille m'avaient rendu suspect au comte. La résolution fut prise de se défaire de moi, en me donnant mon congé. Ce fut le comte lui-même qui eut la hardiesse de se charger de cette commission. Je le redoutais peu. J'avais pour moi mon innocence et la droiture de mes intentions. Il fut surpris de m'entendre répondre, à ses premières paroles, que je n'avais rien à démêler avec lui, que je ne reconnaissais point d'autres maîtres que le prince et la princesse, et que j'admirais qu'un étranger voulût se mêler de me faire la loi dans une maison où l'ancienneté de mes services me donnait plus de droits qu'il n'en aurait jamais. Vous vous oubliez, M. l'intendant, me dit-il, et vous me forcerez de vous mettre malgré vous dans le devoir. Mon devoir, lui répondis-je, serait de délivrer la princesse d'un homme tel que vous. Il perdit toute contenance à cette réponse, et je le vis prêt à se jeter sur moi d'un air furieux. Arrêtez, lui dis-je, en portant la main sur mon épée, si vous ne voulez que je vous punisse d'un seul coup de toutes les injustices que je vous ai vu commettre ici. Il se retira, dans la crainte que je ne fusse plus méchant que lui. Je compris bien qu'après un éclat de cette nature, la princesse ne me souffrirait pas plus long-temps dans sa maison. Je résolus de prévenir ses ordres, en m'éloignant volontairement; mais avant que de la quitter, je lui rendis un service pour lequel je m'imagine qu'elle n'eut pas beaucoup de reconnaissance. Je montai à sa chambre. Je lui appris le démêlé que j'avais eu avec le comte, et le dessein où j'étais de quitter son service ; et lorsqu'elle allait sans doute répondre qu'elle y consentait, je l'interrompis pour la prier de m'écouter. Je lui représentai le scandale de sa conduite dans le commerce public qu'elle entretenait avec M. le comte. Je lui dis que ses domestiques mêmes en avaient honte, et que cette seule raison aurait suffi pour m'obliger à me retirer ; mais j'insistai particulièrement sur l'horrible injustice qu'elle commettait à l'égard de ses filles. Vous avez mis la première au tombeau, lui dis-je, et son sort est plus heureux que celui que vous préparez à la seconde. Il est impossible, Madame, que le Ciel laisse réussir un dessein si coupable, et je m'étonne que vous n'appréhendiez point ses châtimens. Je vous ai rendu service aussi long-temps que je l'ai pu. Je me suis opposé secrètement aux mauvaises pratiques du comte, et j'ai tâché de détourner la ruine que vous allez faire tomber sur votre famille. Mais puisque mes bonnes intentions sont si mal reconnues, et que vous vous servez de la bouche même de l'ennemi de votre maison pour vous priver de votre plus fidèle serviteur, adieu, Madame, je vous quitte. J'ai méprisé les ordres du comte; mais je veux prévenir les vôtres. Le seul service que je vous rendrai encore, et dont je suis bien aise de vous avertir, sera de porter à M. le vicomte la nouvelle du désordre où vous vivez, et de lui apprendre le tort que vous voulez faire à l'héritière de la maison de B... Je me retirai sur-le-champ, sans lui donner le temps de me répondre. Un valet m'apprit, en descendant l'escalier, que le comte me cherchait le pistolet à la main. Oui, dis-je : nous verrons qui sera le plus terrible. Je pris moi-même un pistolet dans ma chambre, et ayant suivi les traces du comte, je le vis au fond de la cour. Il m'aperçut aussi; je remarquai que, me voyant armé, il cacha doucement son pistolet sous son justaucorps. M. le comte, lui dis-je en m'approchant de lui, apprenez qu'il vous est plus aisé de prendre de l'empire sur une femme que sur des hommes. Je quitte le château, non pas pour suivre vos ordres, que je méprise beaucoup; mais pour fuir votre vue, que je ne saurais souffrir. Si je n'ai pas l'autorité d'arrêter vos injustices, j'aurai soin du moins de les publier, et d'en donner avis à ceux qui peuvent y mettre ordre. Je m'éloignai de lui sans qu'il osât répondre un mot, ni montrer même le bout de son pistolet.

Cependant j'avais regret, en m'éloignant, de laisser mademoiselle de R... sans conseil et sans secours. Je prévoyais que la crainte de manquer son dessein, engagerait le comte à en précipiter l'exécution; et, du caractère dont je le connaissais, je ne doutai point qu'au défaut de l'artifice, il n'employât la violence. Le sensible intérêt que je prenais au danger de cette demoiselle m'empêcha de quitter le village, pour être à portée de lui offrir du moins les secours dont je serais capable. J'écrivis seulement par la poste à M. le vicomte, et je l'instruisis de l'entreprise que la princesse et le comte avaient formée au préjudice d'une maison à laquelle j'étais si attaché. Je lui marquai aussi le malheur que j'avais eu d'être obligé de quitter le service de la princesse, et le motif qui me faisait demeurer à B.., en attendant les ordres qu'il lui plairait de m'envoyer. Comme j'avais au château plusieurs domestiques qui m'étaient affectionnés, j'entretins, par leur moyen, une liaison secrète avec mademoiselle de R.... Je lui fis savoir que j'avais écrit à son oncle, et qu'il ne tarderait pas vraisemblablement à prendre quelque voie pour la secourir. Elle me fit une triste réponse par écrit. La princesse, me marquait-elle, l'était allée trouver immédiatement après mon départ, et elle lui avait déclaré qu'il fallait épouser le baron de L.... aussi-tôt qu'un courrier, qui devait partir sur-le-champ serait revenu de la ville épiscopale, où elle l'envoyait pour quérir les dispenses. C'était tout au plus un délai de trois jours. Je crus mademoiselle de R... perdue. Il ne me restait point d'autre ressource que de l'exhorter à une généreuse résistance, en lui représentant plus vivement que jamais ce quelle devait à elle-même et à sa famille. Enfin le courrier revint avec les dispenses. J'en fus informé aussi-tôt par un billet de la demoiselle. Mais dans le temps que je croyais ses affaires désespérées, le Ciel y mit un grand changement par l'accident le plus triste et le plus imprévu. La princesse mourut d'une attaque subite d'apoplexie. Il était visible que ce coup partait de la providence de Dieu, et tout autre que le comte en aurait été effrayé. Il n'est pas moins certain que si j'en eusse été instruit promptement, j'aurais donné du secours à mademoiselle de R.... Quand il aurait fallu employer la violence pour la tirer des mains de ses persécuteurs, il m'aurait été facile d'attrouper quelques paysans, qui se seraient unis de bon cœur pour délivrer leur jeune maîtresse; mais si le Ciel n'avait pas permis que le mal devînt aussi grand qu'il y avait lieu de le craindre, il voulait nous laisser assez d'embarras pour exercer long-temps notre patience. Le comte était seul avec la princesse, lorsqu'elle fut atteinte de l'apoplexie qui la fit mourir en un moment. Loin d'appeler les domesiques à son secours, il prit le parti de cacher sa mort jusqu'après l'exécution du dessein qu'il méditait. Il sortit de sa chambre, dont il tira la clef après lui, et sans perdre un moment, il fit épouser mademoiselle de R... à son fils. Il eut besoin pour cela d'employer des violences inouies. La demoiselle ayant refusé constamment d'y consentir, il la fit prendre par ses domestiques, qui la portèrent malgré ses cris à la chapelle. Le baron et le chapelain s'y étaient déjà rendus. Le comte prit lui-même la main de mademoiselle de R..., qui s'efforçait de la retirer, et il la présenta à son fils. Elle tomba dans un évanouissement qui lui fit perdre la connaissance. On ne laissa point d'achever la cérémonie, et de se flatter qu'une scène si monstrueuse passerait pour un mariage légitime. La tyrannie du comte ne se borna point là. Il jugea bien que si le mariage ne se consommait point avant que la mort de la princesse se fût répandue, il courait risque de perdre le fruit de ses peines; mademoiselle de R... aurait réclamé contre la violence, et ne se serait jamais prêtée à ses désirs. Il la fit donc porter au lit nuptial dans l'état où elle était, c'est-à-dire, sans force et sans connaissance, et le baron se hâta pour s'y mettre avec elle. Mais la justice de Dieu avait arrêté que le comte demeurerait chargé du crime de son entreprise, et qu'il n'en recueillerait point le fruit. Mademoiselle de R... revint à elle. Elle envisagea avec horreur tout ce qui venait d'arriver. Elle retrouva bientôt assez de force pour se dégager des mains du baron, qui était au désespoir de ne s'être pas pressé d'avantage. Elle sortit d'avec lui sans être sa femme, et elle alla s'enfermer seule dans sa chambre. Cependant le comte, voyant qu'il ne pouvait cacher plus long-temps la mort de la princesse, en instruisit toute la maison. Le bruit s'en répandit en un moment dans le village. Je l'appris de la bouche de quelques paysans. Pendant que je méditais sur cette aventure inopinée, je reçus un billet de mademoiselle de R..., par lequel elle me racontait son malheur, et elle me demandait mon secours. Je lui conseillai, par une réponse que je fis sur-le-champ, de se dérober du château à l'entrée de la nuit, et de me venir joindre dans un petit bois qui touche le jardin, où je l'attendrais avec des chevaux. J'ajoutais que s'il lui paraissait impossible de s'évader sans la connaissance du comte, elle prît la peine de me le faire savoir aussi-tôt, et que je trouverais assez de secours pour la mettre en liberté malgré lui. Elle me marqua qu'elle croyait pouvoir se rendre dans le bois. J'allai l'y attendre avec quelques paysans bien armés. Elle y vint seule, n'ayant osé se confier à personne. Elle se mit derrière moi sur mon cheval, et nous prîmes la route de Béthune, pour gagner de là la terre du vicomte de..., son oncle. La nuit était obscure et les chemins glissans, ce qui m'empêchait d'avancer aussi vite qu'il eût été nécessaire. Son évasion ne fut pas long-temps a être aperçue par le comte. Sa fureur fut égale à sa surprise. Il ne douta point qu'elle n'eût fui par mon secours ; car il n'avait pu ignorer que j'étais demeuré dans le village. Il fit monter à cheval tout ce qu'il y avait de domestiques au château, et il se mit avec eux sur nos traces. Nous marchions tranquillement mademoiselle de R... et moi, lorsqu'un des paysans qui nous accompagnaient m'avertit qu'il entendait le bruit de plusieurs chevaux. Je prêtai l'oreille. Il devint plus clair à mesure qu'ils avançaient. Je suis certain, dis-je à mademoiselle de R.., que nous sommes poursuivis. Je périrai plutôt que de vous laisser retomber entre les mains de vos tyrans. Cependant, comme je m'imaginais bien qu'ils étaient en plus grand nombre que nous, je crus qu'il fallait joindre, s'il était possible, l'adresse à la résolution. Nous n'avions malheureusement aux environs ni bois ni haies qui pussent nous servir de retraite. Il fallut nous borner à nous écarter du chemin. Nous quittâmes nos chevaux dans les terres labourées. Je priai mademoiselle de R.... d'avancer seule une centaine de pas plus loin, et de s'y asseoir à terre, afin qu'elle ne pût être aperçue dans l'obscurité; et je lui recommandai de ne revenir à nous que lorsqu'elle entendrait ma voix. Pour moi, je laissai un de mes quatre hommes à garder nos chevaux; et, retournant vers le chemin, je me mis ventre à terre avec mes compagnons, pour observer le nombre et la contenance de ceux qui nous poursuivaient. Nous avions nos fusils et nos pistolets avec nous. En un moment nous les découvrîmes à dix pas. Ils n'étaient que cinq, avec le comte à leur tête. Le baron n'y étant point. Je jugeai qu'ils s'étaient partagés en plusieurs bandes pour suivre divers chemins. J'étais résolu de les laisser passer tranquillement, voyant qu'ils n'avaient aperçu ni nous ni nos chevaux : mais un de mes paysans, qui avait quelque sujet particulier de ressentiment contre le comte, ne trouva point à propos de perdre cette occasion de se venger. Il lui lâcha un coup de fusil, sans m'avoir averti de son dessein. Heureusement qu'il avait moins d'adresse que de colère : la balle ne blessa personne. J'étais persuadé qu'après cette action, nos ennemis allaient tomber sur nous, et je me hâtais de me lever pour me mettre en état de me défendre. Mais le comte aimait trop la vie pour l'exposer au danger. Soit qu'il nous prît pour des voleurs, soit qu'il ne consultât que sa crainte, il tourna bride tout d'un coup, et se sauva au grand galop avec ses compagnons. Nous lui accordâmes toute la liberté qu'il paraissait désirer pour s'enfuir. Je retournai vers nos chevaux, et j'appelai à haute voix mademoiselle de R..., qui avait pensé mourir de frayeur au bruit du coup de fusil. Elle rit elle-même de sa crainte, lorsqu'elle eut appris la bravoure du comte. Nous arrivâmes le lendemain au soir chez M. le vicomte de... Il avait reçu la lettre par laquelle je l'avais informé des désordres du château de B..., et il se préparait à s'y rendre lui-même avec quelques-uns de ses amis. Il apprit avec indignation les nouveaux effets de l'audace du comte et du baron. Il lui parut d'abord que cette affaire se devait terminer par la mort du père et du fils; et sans doute qu'il se fût assez hâté pour les trouver encore à B..., si ses amis ne l'eussent point empêché de suivre le premier mouvement de sa colère; mais en le priant d'y faire une réflexion plus sérieuse, ils l'ont fait entrer dans leur sentiment, qui a été d'assembler ses parens et ses amis, pour délibérer en commun sur les moyens de tirer satisfaction de cette injure. Ce n'est que depuis hier que nous sommes arrivés à B..., ajouta l'intendant, et vous n'avez pas de peine à croire que le comte et le baron se sont bien gardés de nous y attendre.

Cette histoire a fait trop de bruit dans la province pour être ignorée de personne. Je passai quatre jours au château de B... On y agita dans l'assemblée si l'honneur du vicomte demandait une réparation par les armes. Mon âge me procura d'opiner le premier. J'ouvris l'opinion pacifique. Elle fut suivie du plus grand nombre. Mes raisons ne furent point tirées de l'horreur que doivent inspirer les combats particuliers, ni de leur opposition aux lois du christianisme : cette morale aurait été peu goûtée d'une multitude de jeunes gentilshommes qui étaient dans des principes tout différens. J'insistai seulement sur ce que cette affaire me paraissait d'une nature à devoir être terminée par la justice civile. M. le comte de... s'était fait aimer de la princesse : c'était un cas des plus communs. Il avait souhaité de faire épouser à son fils l'héritière de la maison de B... Ce mariage n'aurait point été un avantage pour cette maison ; mais c'en était un si grand pour le comte, qu'on ne pouvait lui faire un crime de l'avoir désiré. Il ne restait à excuser que la manière brusque dont il s'y était pris ; la circonstance de la mort de la princesse, et le péril où il était de voir avorter ses desseins, semblaient le rendre pardonnable. Enfin, dis-je à l'assemblée, il me semble que les injures qui viennent du mépris et de la haine sont les seules qui demandent d'être vengées par le sang; et je ne vois rien dans toute la conduite du comte et du baron, à l'égard de la maison de B..., qui me paraisse venir de l'une ou de l'autre de ces deux sources. Je conclus donc que si le comte s'obstinait à vouloir que le mariage de mademoiselle de R... et de son fils passât pour constant, il fallait résister à ses prétentions, et tâcher de les faire déclarer nulles devant les tribunaux ordinaires. Cet avis l'emporta à la fin.

Si l'on s'imagine un homme altéré qui cherche avidement à rassasier sa soif, et qui s'impatiente de l'éloignement d'une source d'eau, à laquelle il s'efforce d'arriver, on aura quelque idée de l'ardeur avec laquelle je retournai vers ma solitude. Je ne demeurerai point ici vingt-quatre heures, dis-je à ma fille en arrivant chez elle, votre maison est une mer sans fin d'embarras et d'inquiétudes. Ce petit endroit du monde m'a causé seul autant de peines que l'Europe et l'Asie que j'ai parcourues. Je l'avoue, me répondit-elle; mais vous avez toujours eu une fille tendre qui les partageait. Que va-t-elle devenir à présent qu'elle n'aura plus son cher père, et de quel œil peut-elle voir l'empressement qu'il a de la quitter? Ne m'accusez pas, répliquai-je, d'une indifférence que je n'ai pas pour vous. Vous connaissez trop bien le cœur de votre père. Confessez vous-même qu'il est temps que je me cache dans la retraite, pour y jouir d'un peu de repos. Que ferais-je ici? Il est vrai, je ne suis pas encore décrépit ni tremblant; mais croyez-vous que je ne commence point à sentir les dépérissemens de l'âge, et qu'il ne se passe bien des choses au-dedans de ce corps qui m'avertissent que je touche à la caducité? Soyez sûre, ma chère, que quelque tendresse qu'on ait pour un père, c'est une triste chose que de le voir accablé de vieillesse et d'infirmité. Si c'est sincèrement qu'on l'aime, on s'afflige : si l'on n'est pas d'un naturel si tendre, on s'ennuye du spectacle. La vieillesse est dégoûtante : elle est chagrine et incommode. J'ai remarqué que les sentimens filials s'éteignent en quelque sorte à mesure que le corps d'un père s'affaiblit et diminue : ils manquent, si j'ose parler ainsi, peu-à-peu d'aliment. De-là vient qu'on se console si vite de la mort d'un vieillard. En vérité, s'écria ma fille, si c'est là l'idée que vous avez de moi, j'ai à me louer extrêmement de votre tendresse et de votre estime. Non, ma chère fille, repris-je, chère Julie ! je ne pense pas si mal de ton cœur. Je sais qu'il est d'une trempe extraordinaire ; il est tel que celui de ton père, et tel qu'était celui de ta mère. Comment serais-tu dure et ingrate ? Tu es l'enfant de ma tendresse, et le fruit du plus parfait de tous les amours. Ce n'est donc pas à toi que j'ai eu dessein d'appliquer ma satire, je me suis laissé entraîner par mes réflexions. Mais je répète en général, qu'il n'est point d'un homme sage de paraître aux yeux du monde, lorsqu'il est devenu la proie de la vieillesse. On lui fait grâce si on le supporte. Tous les égards qu'on a pour lui sont des railleries ou des faveurs. Les honnêtes gens ne l'insultent point ; mais ils s'applaudissent de leur bonté quand ils le plaignent ; et croyez-moi, c'est un triste personnage que celui d'exciter la compassion. D'un autre côté, si l'on ajoute à ces vues, qui sont purement humaines, toutes les raisons qui se prennent du christianisme, on trouvera qu'un vieillard attaché au monde est un prodige de folie et d'aveuglement. Je ne veux point d'autre preuve que son esprit baisse et retourne à une espèce d'enfance. Grâces au Ciel, le mien se soutient encore. Je vois que je suis inutile ici bas, ou que si je suis capable d'y faire quelque bien, ce n'est plus qu'à moi-même. C'est donc le seul soin dont il faut que je m'occupe ; et le bien que je veux me faire, c'est de me procurer, à quelque prix que ce soit, le souverain, l'unique, le plus nécessaire et le plus important de tous les biens.

Je tins parole à ma fille. Je ne demeurai que vingt-quatre heures dans sa maison. Notre séparation ne fut pas des plus douloureuses, parce qu'elle se promettait de me venir voir quelquefois à l'abbaye de..., et que je ne me retranchais pas non plus la liberté d'aller de temps en temps passer deux ou trois jours chez elle. Mon gendre m'accompagna sur la route. Ce fut lui qui fit naître le second incident dont j'ai parlé, qui retarda encore de quelques jours le moment de ma retraite. Nous étions dans son carrosse. Il avait plu si fort depuis trois semaines, que les chemins étaient rompus, de sorte que malgré les efforts de six puissans chevaux, nous n'avancions qu'avec une extrême difficulté? Lorsque nous fûmes dans la forêt de Senlis, nos roues s'enforcèrent tellement, que nous fûmes obligés de descendre à terre pour soulager le carrosse, et de marcher à pied environ une demi-lieue dans un sentier qui régnait au long des arbres. Je marchais avec assez de feu pour un homme de mon âge, ce qui m'empêcha de remarquer que le marquis, qui me suivait dans le sentier, s'était arrêté. Je fus surpris, en me retournant, de ne le pas apercevoir. Je l'appelai par son nom. Il était à cent pas pour le moins derrière moi; et comme les arbres qui le cachaient ne lui permettaient pas non plus de m'entendre, je retournai sur mes pas pour le découvrir. Je le joignis enfin. Il était demeuré à s'entretenir avec une femme de bonne figure et fort bien mise, qu'on aurait pu prendre pour une bourgeoise du premier rang, si elle eût été un peu moins crottée. Je lui demandai par quel hasard il avait fait une si belle rencontre. Il me dit qu'ayant tourné la tête en marchant, il l'avait vue qui s'avançait derrière lui avec beaucoup de peine, et que la curiosité de connaître ce que ce pouvait être qu'une dame qui se trouvait seule à pied au milieu d'une forêt, l'avait porté à s'arrêter. Avez-vous appris d'elle, lui dis-je, ce que vous désiriez de savoir? Oui, me répondit-il, c'est une dame flamande: Elle a eu le malheur de perdre son époux, qui est mort de maladie en venant à Paris avec elle. Les frais qu'elle a été obligée de faire pour prendre soin de lui, ont tellement épuisé sa bourse, qu'elle est contrainte d'aller à pied jusqu'à Paris, où elle dit qu'elle trouvera des ressources parmi ses connaissances. Je suis fâché, ajouta-t-il, que notre route ne nous mène point jusque là, je lui offrirais une place dans mon carrosse. Je lui fis aussi quelques honnêtetés qu'elle reçut fort civilement. Elle continua de marcher avec nous. Lorsque nous trouvâmes à propos de remonter en carrosse, le marquis lui dit que nous avions tout au plus deux lieues à faire dans le chemin de Paris ; mais que ce serait un petit délassement pour elle, si elle voulait prendre une place avec nous. Elle ne se fit pas presser beaucoup pour monter. A peine étions-nous cinquante pas plus loin, que nous vîmes venir à notre rencontre quelques personnes à cheval, que nous reconnûmes pour des archers de la maréchaussée. Nous ne fûmes pas surpris de les voir, sachant que la forêt de Senlis est, pour ainsi dire, leur domaine, ou du moins le principal champ de leurs exploits. Mais ce qui nous étonna, fut de voir arrêter notre carrosse, et l'un des gardes venir à la portière. Il nous fit néanmoins des excuses de leur incivilité. Vous savez, Messieurs, nous dit-il, à quoi notre emploi nous oblige. Apprenez-nous si vous n'avez pas été insulté par personne dans la forêt. Nous répondîmes que non, et nous demandâmes s'il y était arrivé nouvellement quelque désordre. Il en arrive tous les jours, reprit l'archer. On y a tué trois personnes depuis moins d'une semaine, et quantité d'autres y ont été dépouillées. On nous a donné des avis certains que la bande est composée d'onze hommes et d'une femme, et l'on raconte des choses étranges de cette femme, qui commet seule plus de mal que ses onze compagnons. Il nous rapporta là-dessus la manière dont cette coquine s'y prenait pour détrousser les passans, et souvent pour les tuer. Elle est à pied, nous dit-il, et vêtue proprement. Elle porte sous son bras une boîte moins pesante qu'incommode par sa grandeur. Lorsqu'elle aperçoit un cavalier qui passe dans ce chemin, elle se laisse apercevoir. Il y a peu d'hommes qui voyant une femme d'un certain air, au milieu d'une forêt, ne se laisse tenter à la curiosité de s'approcher d'elle, et de lui demander ce qu'elle y fait. Elle répond comme elle le juge à propos, et se plaignant de sa lassitude, elle donne occasion au passant de lui offrir la croupe de son cheval. C'est ce qu'elle désire : elle l'accepte ; et pour se préparer plus de facilité à faire son coup, elle prie son cavalier de prendre devant lui sa boîte, afin qu'il ait les mains occupées. Alors elle prend son temps pour lui enfoncer par derrière ou dans le côté un large poignard dont elle est toujours pourvue. Nous avons su tout ce détail d'un malheureux que nous trouvâmes hier mourant dans cette forêt. Il avait été assassiné par les mains de cette créature, qui l'avait laissé pour mort. Nous aurions peut-être pu nous saisir d'elle, car elle ne devait pas être fort éloignée; mais étant en trop petit nombre pour nous exposer à en venir aux mains avec ses onze compagnons, nous remîmes à prendre mieux nos mesures aujourd'hui. Nous sommes actuellement cinq ou six escouades qui battons de tous côtés la forêt, de sorte que si la bande y est encore, il sera difficile qu'elle nous échappe.

Nous nous regardions le marquis et moi pendant tout ce récit. Nous jetions aussi de temps en temps les yeux sur notre compagne. Elle affectait une contenance si ferme, que cela confondait nos soupçons; car le lecteur s'imagine bien quelle avait dû être notre première pensée en entendant l'archer. Tout ce que nous connaissions de cette femme s'accordait avec la narration. Elle avait même la boîte avec elle, et elle l'avait mise à nos pieds dans le carrosse. Je prévins le marquis, qui me paraissait prêt à parler. Je lui serrai la main, et me tournant vers l'archer, je lui dis qu'il nous ferait plaisir de suivre notre carrosse avec son escouade, jusqu'à la sortie de la forêt, pour nous servir d'escorte. Il le fit volontiers. Lorsqu'il fut écarté de la portière, je mis la main sur l'épaule de ma voisine, qui était avec moi dans le fond, et je la priai honnêtement de me confesser la vérité, si elle ne voulait point être livrée à la maréchaussée. Elle comprit bien que l'artifice serait inutile. Elle nous avoua que c'était elle-même dont il était question, et elle se réduisit à nous prier ardemment de lui sauver la vie. Vous n'en êtes pas digne, lui dis-je; mais puisque votre bonne étoile vous a fait tomber entre nos mains, nous serions fâchés de faire ici le métier d'archers. Ne craignez donc rien pour votre vie; nous nous contenterons de vous faire mettre en lieu de sûreté. Ayant atteint le bout de la forêt, je congédiai nos gardes. Je dis au marquis à l'oreille que nous nous écartions si peu de notre route en passant par Paris, qu'il me semblait à propos de prendre ce chemin, pour nous défaire de cette malheureuse femme, en la faisant mettre pour le reste de ses jours à la Salpétrière ou à Bicêtre. Le marquis donna ses ordres à son cocher. Je me tournai ensuite vers notre héroïne, et je la priai, pour le bon office qu'elle recevait de nous, de nous raconter par quelles aventures elle se trouvait engagée dans un genre de vie si détestable. Elle me répondit qu'elle satisferait volontiers notre curiosité. Voici son récit.

Tout mon malheur, nous dit-elle, vient d'avoir été cruellement trahie par plusieurs amans. J'étais née d'une honnête famille, avec de bonnes inclinations; j'étais naturellement généreuse et bienfaisante; et me sentant incapable de tromper, j'avais la même opinion de tous ceux avec lesquels je vivais. Je n'étais point absolument sans beauté. Un jeune homme des voisins de notre maison me trouva digne d'être aimée; il s'attacha si fort à moi qu'il réussit à me toucher le cœur. Je le crus tendre et fidèle. Il me jura de m'épouser, et sur cette espoir, je consentis à tous ses désirs. Le fruit de nos amours ne tarda point à paraître ; mais lorsque je le pressai d'accomplir notre mariage pour me sauver de l'infamie, je fus surprise de l'entendre répondre froidement que son père lui avait acheté une lieutenance de dragons, et qu'il était obligé de joindre le régiment. Mon désespoir fut extrême. Cependant il fallait l'étouffer pour l'intérêt de mon honneur. Je vis partir mon perfide, qui ne donna pas même une larme à ma douleur. Je demeurai seule avec la honte d'avoir été trompée, et la crainte d'un père extrêmement sévère, qui ne pouvait être long-temps à s'apercevoir de ma mauvaise conduite. Mon épouvante fut telle à l'approche de mes couches, que je me résolus de quitter la maison paternelle, et pour me mettre à l'abri de la misère, je volai à mon père environ dix mille écus, qui étaient la meilleure partie de son bien, qu'il avait acquis par le commerce. Je me rendis à Paris avec cette somme. J'y pris une chambre et une servante. Le temps de mes couches étant arrivé, je fus délivrée heureusement d'un garçon qui mourut peu après. La tranquillité revint dans mon esprit et dans mon humeur. Je parus dans les promenades publiques et aux spectacles. J'y reçus les civilités de plusieurs galans de profession, et je sentis que, malgré la tromperie cruelle que j'avais déjà essuyée, mon cœur courrait volontiers le risque d'un nouvel engagement. J'étais déterminée seulement à m'y prendre avec plus de précaution. C'était le seul fruit que je voulais tirer de mon expérience. Il se présenta bientôt un amant tel qu'il me semblait que l'aurais choisi, s'il s'en était présenté mille. Dieu! qu'il était aimable, et qu'il paraissait tendre et généreux! J'oubliai toutes les résolutions que j'avais faites de le mettre à l'épreuve. J'en devins folle jusqu'au point de me rendre à la troisième visite. Il ne parut point disposé à abuser de sa victoire. Au contraire, il affecta de me faire voir de l'augmentation dans sa tendresse. Il ne pouvait être un moment sans moi.

Il me fit consentir à le recevoir dans ma maison, pour vivre ensemble sous le nom d'époux. Je lui demandai à quoi il tenait que nous ne le devinssions réellement. Il fit semblant d'avoir besoin de quelques jours pour y penser. Enfin, il revint me donner sa foi, et nous fûmes mariés avec les cérémonies de l'église. Ma bonté ou plutôt mon aveuglement était si grand, que je ne m'informai pas même quel était son bien et ma famille. Il vivait à mes dépens ; et je ne croyais pas acheter trop cher un si charmant époux. Mon bonheur dura quinze jours. Un dimanche que j'étais allée à la messe, il profita de mon absence pour enlever mon argent et mes bijoux, de sorte que je me trouvai, à mon retour, dépouillée de tout jusqu'à mes habits. Ma servante avait été de concert avec lui, et ils s'étaient enfuis ensemble. Je tombai évanouie à la vue de mes pertes, et je demeurai si long-temps dans cet état, que c'est un miracle que j'en sois revenue. Il était presque nuit lorsque je recouvrai la connaissance. L'état où je me voyais réduite était si désespérant, que je n'avais plus d'autre parti que de me donner la mort. Je répandais un ruisseau de larmes en poussant des cris et des soupirs. Le bruit que je faisais attira dans ma chambre un étranger qui descendait d'une chambre plus haute, où il était venu pour quelques affaires. Ma porte était entr'ouverte, il entra : Je serais ravi, Madame, me dit-il, d'être capable de vous rendre service, dans l'excès de tristesse où vous me paraissez être. Je lui racontai mon infortune. Il en parut touché. Comme je lui avais dit qu'on m'avait tout enlevé jusqu'au dernier sou, il eut la générosité de m'offrir quelque argent que la nécessité m'obligea d'accepter. Il fit plus, il prit soin de me faire apporter à souper, et il me tint compagnie pendant toute la soirée. En me quittant, il me demanda la permission de revenir le lendemain. Je regardai cette rencontre comme le plus grand bonheur qui pût m'arriver dans une conjoncture si triste. Je le revis le lendemain, suivant sa promesse. Il me fit un présent plus considérable que la veille, et il m'assura que je ne manquerais de rien tant que je voudrais consentir à recevoir quelque chose de lui. Ses visites et ses libéralités ne se relâchèrent point. Il me fit entendre à la fin qu'il me trouvait aimable, et que ses soins n'étaient pas tout-à-fait désintéressés. Je consultai mon cœur. Il me semblait qu'après deux trahisons aussi noires que celles que j'avais éprouvées, je ne devais plus prendre de confiance aux sermens des hommes. Qu'est-ce qui pouvait désormais me répondre de leur fidélité ? J'avais été trompée par deux personnes dont j'avais été idolâtre ; pouvais-je attendre plus de sincérité et de constance de ceux qui me seraient indifférens? car je ne me sentais plus de disposition à aimer, et je me croyais guérie pour toute ma vie de cette funeste passion. Mon nouvel amant ne se rebuta point, quoique je lui découvrisse ingénument le sujet de ma froideur. Il m'en aima davantage, parce qu'il vit que je n'étais pas encore capable de tomper. Il continua à me presser par ses assiduités et ses caresses, et encore plus efficacement par ses libéralités. Il m'aime sincèrement, disais-je en moi-même; il n'y a que l'amour qui puisse le rendre si constant et si libéral. Je n'ai rien à risquer, puisqu'il ne me reste plus rien à perdre : engageons-nous pour la troisième fois. Je parvins ainsi peu à peu à l'aimer, et je m'applaudissais d'autant plus de ce nouvel amour, qu'il me semblait que c'était de ma part un engagement de raison qui ne serait pas sujet par conséquent aux funestes suites d'un transport aveugle et déréglé. Je ne tardai pas long-temps à me rendre après ces réflexions. Je trouvai dans mon amant toute la tendresse et la complaisance qu'une femme peut désirer pour être heureuse. Nous passâmes dans cette union environ trois semaines, au bout desquelles il me proposa de faire un voyage en province pour aller mettre ordre à quelques affaires de famille. Je fus la première à lui demander si ses parens me verraient de bon œil avec lui. Il me dit qu'il était le maître de sa conduite. Ma délicatesse sur sa réputation parut lui plaire. Je me croyais donc la mieux aimée de toutes les femmes. Nous partîmes pour sa ville natale. Nous y demeurâmes quelques jours. Il paraissait impatient de retourner à Paris. Je ne l'étais pas moins. Nous en reprîmes la route, comptant d'y arriver après une absence d'environ quinze jours. Perfides hommes! s'écria notre voleuse, que ne puis-je en éteindre toute la race! Le troisième jour de notre marche, étant à dix lieues de Paris, nous nous couchâmes avec les marques de notre affection ordinaire. Je passai toute la nuit dans un profond sommeil. Le matin, m'étant éveillée vers les neuf heures, je ne sentis point mon amant à mon côté. Je me figurai que, me voyant dormir tranquillement, il était allé faire préparer notre chaise, afin qu'elle fût prête à mon réveil. Je me levai, je le fis appeler ; on m'apprit qu'il était parti trois ou quatre heures auparavant. Parti! m'écriai-je : Oui, Madame, il est parti dans la chaise, et il nous a dit que vous aviez dessein de passer ici quelques jours. J'étais sans un sou. Il avait emporté la malle même où étaient mes habits. Il est vrai qu'ils me venaient de lui ; mais enfin c'étaient mes habits. L'unique grâce qu'il m'eût faite avait été de payer la dépense de l'auberge. O Ciel ! continua-t-elle, une femme ne saurait mourir de rage, puisque j'eus la force de résister à la mienne. Ce fut alors que je souhaitai que tous les hommes ensemble n'eussent qu'une vie, et que j'eusse le pouvoir de la leur arracher avec mes dents et mes ongles. Je mordais mes propres bras de désespoir. Je quittai l'hôtellerie comme une furieuse, et je me mis à pied à la poursuite de mon perfide, sans considérer que je n'avais nul espoir de le rejoindre. Je marchai cinq ou six lieues avec une action qui m'empêchait de sentir ma lassitude. Mais une traite si longue épuisa tout d'un coup mes forces. Je fus obligée de m'asseoir à l'entrée d'une forêt. Je m'écartai de quelques pas du chemin, pour me cacher aux yeux des passans. Là je maudis tout le genre humain, et je fis des imprécations contre les hommes depuis Adam jusqu'à nous. J'invoquai la mort. Je livrai mon traître à toutes les furies; enfin je m'abandonnai aux cris et aux larmes avec une violence qui acheva de m'affaiblir, et qui me mit hors d'état de continuer mon chemin. La nuit prit la place du jour. Je crus qu'il me serait impossible de gagner un lieu qui pût me servir de retraite. Tandis que j'étais dans cette inquiétude, et que l'obscurité la redoublait, j'entendis le bruit de quelques passans. Je me traînai vers eux pour leur demander du secours, ou pour les prier du moins de me servir de guides. C'était là que je devais trouver la consommation de mon mauvais sort. Ces passans étaient des voleurs attroupés qui cherchaient leur proie. Ils me reçurent néanmoins fort humainement. Mais je compris en un moment, par leurs discours, dans quelles mains j'étais tombée. Dois-je vous le confesser? ajouta notre historienne; je ne regardai point cette aventure comme un malheur. Dans la fureur qui me faisait souhaiter du mal à tous les hommes, je me vis sans regret au milieu de douze personnes dont la profession était de nuire au genre humain. Je les trouvai plus ouverts et plus sincères que les perfides qui m'avaient trompée. Ils tirèrent de leur sac quelque partie de leurs provisions, qu'ils me firent prendre avec beaucoup de douceur.

Je fus présente, dès cette première nuit, au dépouillement de plusieurs voyageurs; et loin d'en être effrayée, je n'aurais pas été fâchée qu'ils leur eussent ôté même la vie, tant ma haine contre les hommes était déjà endurcie. Lorsque l'heure fut venue de quitter le grand chemin, ils me conduisirent avec eux dans la plus épaisse partie de la forêt, où était leur cabane. S'ils n'y avaient pas toutes les commodités de la vie, ils ne manquaient pas non plus du nécessaire. On alluma des lampes pour se reconnaître à la lumière. Tandis que la curiosité les portait à considérer de près mon visage, j'aperçus parmi eux le second de mes infidèles, je veux dire, celui qui m'avait épousée dans les formes, et qui s'était sauvé de Paris avec ma servante. Mes transports, qui n'étaient pas encore éteints se rallumèrent à cette vue plus furieusement que jamais. Je sautai sur une baïonnette, et je l'enfonçai quatre ou cinq fois dans son cœur avant qu'il eût pu prévoir le coup. Traître ! lui dis-je en le frappant, puissent tous ceux qui te ressemblent être exterminés encore plus cruellement. Tous ses compagnons se regardèrent avec admiration, en s'écartant de moi pour attendre la fin de cette tragédie. Je jetai la baïonnette à terre. Messieurs, leur dis-je, je viens de délivrer la terre et vous du plus lâche de tous les hommes. J'ai fait ce que vous auriez dû faire vous-mêmes, si vous aviez connu ses crimes comme moi. Là-dessus je leur racontai le tour cruel qu'il m'avait joué ; et de peur qu'ils ne se défiassent d'une femme qui devait leur paraître sans doute assez résolue, je les assurai que depuis quatre heures que j'étais avec eux, je les estimais déjà plus que tous les hommes ensemble, et que je consentais de bon cœur à passer ma vie parmi eux. L'accord fut scellé de part et d'autre. Il y a trois mois que je suis dans leur compagnie, et je puis me flatter d'avoir su m'attirer quelque considération de toute la bande. Ce n'est pas tout d'un coup que je me suis mise à exercer aussi le métier. Je demeurais les premières semaines seule dans la cabane, pendant qu'ils allaient à la petite guerre; et mon occupation était de préparer le souper pour leur retour. Mais ma haine contre les hommes, qui ne me donnait point de relâche, et les discours qu'ils tenaient en ma présence, m'enflammèrent tellement, que je leur proposai à la fin de m'associer à leurs entreprises. Je devins aguerrie en moins de temps qu'ils ne se l'imaginaient. Mes essais me firent honneur, et j'ai tenu depuis un des premiers rangs dans la bande par ma hardiesse et le succès qui m'a toujours accompagné. Tous les hommes que j'ai tués sont autant de victimes que j'ai sacrifiées à ma fureur plutôt qu'à mon avarice et à l'envie de m'enrichir. Voilà, Messieurs, ajouta cette malheureuse, l'histoire que vous avez voulu entendre. J'ai toujours fort bien prévu que notre troupe serait dissipée ou saisie à la fin par la maréchaussée, et que nous aurions le sort commun des voleurs. J'avoue que cette pensée m'a effrayée quelquefois: c'est un bonheur pour moi d'être tombée dans vos mains, puisque vous m'avez promis de mettre ma vie en sûreté : la plus grande marque que je puisse vous donner de ma reconnaissance, nous dit cette effrontée en finissant, c'est de vous remettre mes armes. Elle tira en même temps de ses poches deux petits pistolets, et un large poignard des plis de sa jupe. Je frémis, en les voyant, de l'imprudence que j'avais eue de ne pas les lui ôter avant qu'elle eût commencé son récit ; car il lui aurait été facile assurément d'en user contre nous, pendant que nous lui prêtions notre attention. Etant arrivés à Paris, j'envoyai quérir un des directeurs de la Salpétrière, à qui j'appris son histoire, après lui avoir fait promettre de ne se servir de cette connaissance que comme d'une bonne raison pour la tenir enfermée le reste de ses jours. Nous fûmes ainsi délivrés d'elle, et nous nous rendîmes sans obstacle à l'abbaye de....

Je puis commencer à compter de ce jour le temps de mon repos et de la paix de mon cœur. S'il m'est encore arrivé d'avoir quelque léger sujet de trouble, c'est la délicatesse de l'amitié ou la tendresse du sang qui l'a fait naître. Le Ciel, content des épreuves auxquelles il m'a mis si long-temps, a épargné ma faiblesse ces dernières années : il m'a traité comme un vieillard épuisé de forces, qui n'est plus propre au combat, et à qui ses seuls désirs tiennent lieu désormais de mérite pour se présenter à la récompense. C'en est un bien faible sans doute, aux yeux d'un maître redoutable, qui a droit d'exiger tant de ses serviteurs ; mais sa miséricorde est le fond consolant de mes espérances. Il ne m'a pas conservé si long-temps pour me perdre. Il ne m'a point fait sentir si vivement qu'il est le seul bien de mon cœur, pour me priver un jour de ce qu'il m'a fait aimer, et pour m'éloigner de sa présence après me l'avoir fait regarder comme ma seule félicité.

Soit par un effet de la disposition de mon esprit, soit réellement par la situation naturelle du lieu, l'abbaye de.... me paraît un des plus charmans séjours du monde. Les bâtimens en sont magnifiques. Les jardins y répondent par leur beauté et par leur étendue. L'art n'y a rien épargné pour orner la nature. On y trouve des bois, des fontaines, et, presque dans toutes les saisons, des fleurs et de la verdure. J'ai toujours aimé ces ornemens simples de la terre, qui sont pour ainsi dire les restes de notre première innocence. Je trouve une douceur infinie à les cultiver de mes propres mains. La première chose dont je m'occupai en arrivant, fut à faire un partage de toutes les heures du jour, pour me tenir continuellement éloigné de l'oisiveté. La lecture, la conversation et la promenade, sont les chefs principaux de mes occupations. Je ne me fais pas un simple amusement de la lecture. Je lis pour m'instruire ou pour m'édifier. Je me sers des nouvelles lumières que je m'efforce d'acquérir, pour étendre et perfectionner les idées que j'ai toujours eues de la vertu et de l'honneur. Mes sentimens s'échauffent à cette vue ; mon cœur s'attache plus que jamais au devoir, et mon esprit ne se lasse point de le soutenir par de continuelles réflexions, qui le fortifient en multipliant ses motifs. Les sciences humaines ne flattent plus mon goût. Si elles produisent quelques fruits, l'âge ne me permet plus de les recueillir. C'est être oisif, que de s'occuper d'un travail inutile. Je me renferme dans les connaissances de la religion et de la morale, qui sont à présent les seules de mon ressort, et qui sont sans doute les plus solides, puisque l'utilité en dure éternellement.

Pour la conversation, je ne m'en procure guère d'autre que celle des solitaires avec lesquels je demeure. Quoique la plupart n'aient que des lumières bornées, ils ont le sens droit. La solitude les rend sérieux et attentifs. Ils ne sont point distraits par les objets des passions. Leur raison profite du silence de leur imagination. S'ils ne sont point capables d'une conversation fine et délicate, ils raisonnent juste et ils pensent solidement.

La promenade fait ma troisième occupation. Je marche en considérant les ouvrages de la nature, et j'admire leur variété. J'aide, par mes soins, à la naissance et à l'accroissement de quelques fleurs et de quelques fruits, dont j'ai pris la direction. Je promène mes regards sur le paysage tranquille qui m'environne. Je mesure des yeux la distance du Ciel à la terre, et je gémis quelquefois de la pesanteur qui m'empêche de m'élever à cette région de félicité. Le reste de mon temps est occupé par la prière.

Je pris cet ordre de vie dès que le marquis, mon gendre, m'eut quitté pour retourner à sa terre, et j'espère le suivre fidèlement jusqu'à ma dernière heure.

Quelques mois se passèrent sans que j'entendisse parler du marquis mon élève, et de ma nièce Nadine. J'interprétai avantageusement ce silence dans l'un et dans l'autre. Ils sont tranquilles, disais-je; l'absence a produit son effet ordinaire. Cependant, un jour que j'étais à travailler paisiblement dans mon petit jardin, je fus extrêmement surpris d'y voir entrer le marquis. Il m'embrassa avec transport. Je le conduisis à mon appartement, et je lui demandai si c'était un reste d'amitié et de souvenir qui m'attirait l'honneur de sa visite. Il ne me dissimula point qu'avec le plaisir de me voir, il avait été amené par l'espérance d'apprendre de moi dans quel lieu ma nièce s'était retirée. Je ne doute point, me dit-il, qu'elle ne soit retournée dans quelque couvent; mais je vous avoue, ajouta-t-il, que lui ayant écrit plusieurs fois chez madame votre fille, où je la croyais toujours, je m'étais flatté du moins que quelque part qu'elle fût, on lui ferait tenir mes lettres. Elle ne les a pas reçues assurément, puisque je n'en ai point eu de réponse. Je voudrais savoir quel droit madame la marquise croit avoir sur des lettres qui viennent de moi, et qui ne sont pas pour elle-même.

Comme il me paraissait un peu irrité, je lui répondis doucement qu'il accusait ma fille peut-être mal à propos, et qu'il pouvait être vrai, ou qu'elle n'eût pas reçu ses lettres, ou que, les ayant reçues, elle les eût envoyées à Nadine, qui n'avait pas jugé que la bienséance lui permît d'y répondre. Non, non, reprit-il, j'ai passé chez madame votre fille ; et non-seulement elle a confessé qu'elle a reçu mes lettres, elle me les a même rendues sans les avoir ouvertes. De quoi vous plaignez-vous donc ? lui dis-je ? Si vous ne trouvez pas, répondit-il, que j'aie eu lieu de me plaindre, c'est sans doute que vous me condamnez ; et dans cette supposition, je n'ai pas un mot à répliquer. Mais pourquoi me trouveriez-vous coupable pour avoir écrit à votre nièce, puisque vous n'ignorez pas les promesses que je lui ai faites, et que je je ne perdrai jamais la volonté de les exécuter? Je ne laissai pas d'être un peu embarrassé à lui trouver une bonne réponse. Mais...., lui dis-je en hésitant un peu, vous savez bien que ces sortes de promesses, qui marquent à la vérité beaucoup de bonté de votre part, ne changent rien à la situation de ma nièce, et qu'elle n'en est pas plus autorisée à entretenir un commerce de lettres, qui ne convient peut-être pas à une personne sage et retenue. Vous ne me l'avez pourtant pas interdit, reprit-il encore d'un air affligé, lorsque je vous en ai demandé la permission à vous-même. Il est vrai, répliquai-je, que je ne m'expliquai alors que par mon silence; mais c'est que mon amitié me faisait craindre de vous causer du chagrin. Je vois donc trop bien, ajouta-t-il, que non-seulement vous m'ôterez la satisfaction d'écrire; mais que vous ne m'accorderez pas même celle de savoir où votre nièce s'est retirée. Je lui dis froidement qu'elle pouvait avoir changé de demeure depuis que j'étais dans cette abbaye, et que je pouvais l'assurer qu'il y avait trois mois que je n'avais point reçu de ses nouvelles. Il me tourna brusquement le dos à cette réponse, et il sortit malgré moi, en me répétant plusieurs fois que je me moquais de lui; mais qu'il saurait bien la découvrir, fût-elle enfermée au fond d'un cachot par ma dureté. Il remonta à cheval dans l'instant, et toutes mes prières ne purent l'arrêter.

Quoiqu'il n'y eût point d'apparence qu'il découvrît le lieu où ma nièce était, j'écrivis à ma fille pour la prier de se rendre à son abbaye, et de recommander plus que jamais à l'abbesse d'être exacte sur le secret. J'étais bien aise d'ailleurs qu'elle vît Nadine, et qu'elle pût m'apprendre de ses nouvelles. Ma fille fit ce voyage aussitôt. Elle vint me voir moi-même à son retour, et j'eus lieu d'être content de sa relation. Nadine commençait à goûter sa retraite. Elle ne soupirait plus. Ses pleurs étaient taris. Elle parlait encore du marquis; mais sa passion se changeait peu à peu en une tendre amitié. En un mot, si elle était entrée dans le cloître par désespoir, il y avait sujet d'espérer que l'inclination pourrait l'y retenir. Je bénis le Ciel de ce changement, surtout lorsque ma fille ajouta qu'elle était une des plus ferventes novices, et que l'abbesse ne cessait point de se louer de son zèle et de sa piété. Je reçus, peu de temps après, une lettre d'elle. La douceur de son style acheva de me persuader que son cœur n'avait pas perdu la paix sans ressource. Elle paraissait désirer avec ardeur le temps de se lier par des vœux. Elle parlait de ses agitations comme d'une chose qu'elle commençait à voir dans l'éloignement. Elle faisait l'éloge des douceurs d'une vie tranquille et solitaire; enfin, j'aperçus dans sa lettre tous les symptômes d'une guérison commencée, que le temps acheverait de perfectionner. Je lui fis une longue réponse, pour fortifier de si heureuses dispositions. La paix de mon propre cœur en fut sensiblement augmentée. Il n'y avait que le marquis dont le souvenir me causât encore quelque amertume. Il m'était toujours cher, et son bonheur était la seule chose qui manquât à la perfection du mien.

Il revint à l'abbaye environ deux mois après sa dernière visite. Quoiqu'il dût me connaître assez pour être assuré que je ne conservais aucun ressentiment de la manière dont il m'avait quitté la dernière fois qu'il m'avait vu, il m'aborda de l'air d'une personne qui a quelque chose à se reprocher. Il me fit des excuses de la chaleur avec laquelle il m'avait parlé. Je ne les écoutai que pour admirer la bonté de son cœur. Il fallut s'entretenir aussitôt de Nadine. Il m'apprit tristement qu'il avait envoyé dans la plupart des couvens du royaume, et que tous ses soins n'avaient eu nul succès. Comme il me paraissait excessivement affligé, et que son but était sans doute d'exciter ma compassion, qu'il connaissait facile à émouvoir, je lui dis que j'allais lui rendre un service auquel il ne s'attendait pas. Que feriez-vous, continuai-je, si Nadine vous était infidèle?

Il me répondit qu'il mourrait de douleur, ou peut-être de sa propre main. Mais, ajouta-t-il, il est impossible qu'elle le soit. Que penseriez-vous, repris-je, si sans être infidèle, c'est-à-dire, si continuant de vous aimer toujours avec beaucoup de tendresse, elle renonçait à l'espérance que vous lui avez donnée d'être à vous ? Je dirais..... Mais je ne dirais rien, repartit-il en s'interrompant; car vous me contez là des impossibilités. Je suis sûr qu'elle m'aime, et qu'elle est convaincue que je l'adore. Elle ne voudrait pas me désespérer, comme elle sait bien qu'elle le ferait en m'abandonnant. Permettez, lui dis-je, que je m'explique davantage. Ma nièce vous aime tendrement sans doute; elle serait la plus ingrate de toutes les femmes, si, après tant de témoignages de votre sincère affection et de votre constance, elle n'avait pas pour vous le juste retour qu'elle vous doit. Mais elle a reconnu que son amour produit le même effet, par rapport à vous, que ferait la haine d'un autre. Il trouble votre repos; il dérange votre fortune; il vous fait oublier les grandeurs pour lesquelles vous êtes né; il vous écarte de la soumission que vous devez à M. le duc. Elle a été effrayée de se trouver la cause de tant de désordres; et par un effort même d'amour, elle a pris la résolution de sacrifier sa tendresse à vos intérêts. De quoi pouvez-vous l'accuser? Je regarde son procédé comme un exemple admirable de générosité, qui doit lui attirer éternellement votre estime. On voit assez de gens qui font violence à leur cœur, quand ils s'aperçoivent que leurs passions nuisent à leur fortune; mais où en trouve-t-on qui sacrifient leur fortune et leur passion tout ensemble aux intérêts de l'objet qu'ils aiment? Ce désintéressement est si étrange, que je le regarde comme un prodige dans une jeune personne de l'âge de ma nièce. Si je vous disais encore qu'elle ne se borne pas là; qu'elle veut vous remettre dans toute la liberté dont vous pourriez croire que vos promesses et vos sermens vous ont privé, et que, pour vous rendre ce service, elle sacrifie la sienne; ne conviendriez-vous pas que c'est peut-être le dernier effort du cœur humain, un effort qui ne paraîtrait pas vraisemblable dans un roman? Voilà néanmoins, mon cher marquis, ce que ma nièce a fait pour vous. Lisez la lettre qu'elle m'écrit, ajoutai-je en lui présentant la lettre de Nadine; vous verrez à qui cette pauvre enfant s'immole, et vous jugerez s'il est vrai qu'elle vous aime.

Il lut la lettre. Il me la rendit sans parler, et il se jeta sur une chaise en levant les mains et les yeux au Ciel avec un mouvement extraordinaire. Les pleurs coulèrent en un moment de ses yeux, sans qu'il songeât à les essuyer. Je m'assis auprès de lui. Vous devriez donner ces larmes, lui dis-je, à l'estime et à l'admiration, plutôt qu'à la douleur. Je n'ose ajouter que la joie même devrait y avoir quelque part; cependant il y a peu de personnes qui n'en ressentissent de cette seule pensée, que leur mérite ou leur bonheur a fait naître une des plus belles et des plus généreuses passions qui furent jamais. C'est un plaisir que les richesses et la grandeur ne donnent point, un plaisir de la nature qui n'est attaché à nulle condition, et qui est unique en quelque sorte, en ce qu'il part d'une cause qui n'est propre qu'à lui. On me sert par intérêt, on me loue par flatterie, on me caresse par artifice ; mais pour l'amour, il n'est accordé qu'à moi ; le seul motif qu'on puisse avoir de m'aimer, est que je suis aimable. En vain voudrait-on déguiser une passion réelle, ou contrefaire une passion sincère ; mille marques trahissent le cœur. En fait d'amour et de haine, il y a des preuves qui ne sont point équivoques.

Je tâchais ainsi d'amuser et d'assoupir la tristesse du marquis par des raisonnemens vagues, mais flatteurs. Il les écoutait sans me répondre. Il s'occupait sans doute des résolutions qu'il avait à prendre. Savez-vous, mon cher marquis, ajoutai-je, le parti qui vous reste à suivre ? C'est de tirer, s'il est possible, assez de force de l'exemple de ma nièce, pour retrancher de votre passion ce qu'elle a d'incommode pour vous-même. Vous retrouverez par-là votre repos, et vous satisferez toujours votre cœur, en y conservant pour ma nièce la tendresse et l'estime que vous croyez qu'elle mérite. Quand vous serez dans cette situation, je ne ferai plus difficulté de vous conduire moi-même au lieu de sa retraite, et de vous procurer à l'un et à l'autre la satisfaction de vous voir et de vous entretenir avec innocence. Vous l'aimerez comme votre sœur; elle vous recevra avec l'affection qu'on a pour un frère; et moi, que vous avez appelé quelquefois votre père, et qui regarde Nadine comme ma fille, j'entrerai dans vos sentimens, je partagerai vos innocentes caresses, nous serons ainsi l'image de la plus pure et de la plus parfaite union dont trois cœurs soient capables. Je fus la dupe du marquis dans cette occasion. Je ne fis point attention, en lui laissant lire la lettre de ma nièce, que le lieu de sa demeure était marqué avec la date. Il jeta les yeux dessus, et il n'eut garde de l'oublier. Après avoir écouté long-temps mes discours avec beaucoup de patience, et sans autre marque d'émotion que ses larmes, il me quitta honnêtement. Je lui demandai s'il retournait à Paris ; il me répondit ambigument qu'il passerait quelque temps dans la province ; mais ce ne fut pas dans celle que je m'imaginais. Il alla droit au château que M. le duc avait à quelques lieues de l'abbaye. Il ne s'y arrêta que pour prendre avec lui quelques domestiques, et il se rendit de là directement à C....., où est le couvent de ma nièce. Avant que de demander à lui parler, il lui écrivit une longue lettre, pour la préparer à sa visite. Il ignorait que c'est la coutume des couvens, que la supérieure ouvre et lit les lettres qui sont adressées à ses religieuses. l'abbesse ouvrit donc la sienne, qu'il avait envoyée par un de ses laquais, et elle se trouva dans un extrême embarras après cette lecture. Comme le marquis y parlait de la visite qu'il devait faire le même jour à ma nièce, elle ne savait si elle devait le refuser ou l'admettre. L'un offensait le marquis, qui était d'une qualité à mériter du respect, et l'autre exposait beaucoup sa jeune novice. Cependant le laquais attendait la réponse. Elle se détermina à lui faire dire que si son maître prenait la peine de venir au couvent, il y serait vu avec beaucoup de satisfaction. Le marquis ne tarda point un moment à s'y rendre, et il prit ces paroles, que son laquais lui rapporta, pour une marque de l'affection de Nadine. Il fut surpris néanmoins, en entrant dans le parloir, de se voir attendu à la grille par un visage inconnu. C'était l'abbesse elle-même. Elle lui témoigna de la reconnaissance pour l'honneur qu'il lui faisait de venir dans l'abbaye, et elle fut quelque temps à l'entretenir de choses indifférentes, sans oser lui parler la première de ma nièce. Il n'eut point la patience d'essuyer longtemps un fâcheux entretien; il demanda s'il ne lui serait pas permis de voir Nadine. L'abbesse employa toute son industrie pour lui faire entendre honnêtement que ce n'était pas la coutume des maisons religieuses, que les étrangers y entretinssent les novices à la grille. Comment, novice! s'écria le marquis. L'abbesse m'a raconté depuis, qu'il fut prêt à s'évanouir à cette nouvelle. Il laissa échapper mille plaintes contre la rigueur de son sort et l'infidélité de ma nièce. Il se leva de sa chaise ; il se promena à grands pas dans la salle ; il s'assit et se leva encore en pleurant et en gémissant : de sorte que l'abbesse, qui avait le cœur sensible, comme l'ont toutes les religieuses, se trouva extraordinairement attendrie. Enfin il revint à elle, et il la conjura de la manière la plus pressante de lui faire voir Nadine, fût-ce en sa présence, ne fût-ce que pour un moment. Elle ne crut pas qu'il lui fût permis de le refuser. Elle la fit appeler. Ma nièce ne s'attendait nullement à cette visite. Son étonnement fut si grand à la vue du marquis, qu'elle jeta un cri perçant à la porte, sans avoir la force d'avancer. L'abbesse fut obligée de l'aller prendre elle-même, et de l'amener à la grille par la main. Le jeune amant fut si touchant dans ses plaintes et dans ses reproches, qu'il tira des larmes des yeux de l'abbesse. Nadine l'écouta avec modestie. Ses réponses furent sages et tendres. Elle lui raconta naturellement par quels motifs elle s'était déterminée à la vie religieuse; elle le remercia de l'affection dont il l'avait honorée; elle le pria même de la conserver autant que son propre repos et l'état qu'elle avait embrassé pouvait le permettre; et elle lui protesta qu'il n'y aurait jamais de diminution dans la sienne. Cette pauvre enfant se fit violence dans ce moment jusqu'à ne point laisser échapper une larme; de sorte que celle qui causait tant de pleurs était la seule qui n'en répandait point. Leur conversation dura environ une heure. Le marquis ne se possédait point lorsqu'elle voulut se retirer. Il la pria de souffrir du moins ses visites. Elle s'excusa sur les obligations de sa règle, et elle lui dit que c'était un plaisir dont elle se priverait jusqu'au temps de son engagement, où elle serait charmée de le voir assister. Il ne put rien obtenir d'elle au-delà de ces dernières paroles, et d'une promesse générale de l'aimer et de l'estimer toute sa vie.

L'abbesse m'a dit que les larmes que sa novice avait eu le courage de retenir sortirent en abondance après le départ du marquis. Elle passa trois ou quatre jours sans voir personne, jusqu'à ce que la force de son ame et le secours du Ciel lui firent reprendre peu à peu les apparences de la tranquillité.

Je ne sais ce que devint le marquis pendant six semaines. Je ne le revis dans ma solitude qu'au bout de ce temps. J'avais été informé de la visite qu'il avait rendue à ma nièce. Ce fut la première chose dont il me parla lui-même. Il me parut que ses peines étaient beaucoup diminuées, et qu'il s'exprimait plus tranquillement sur la perte de ses espérances. Je commençai à espérer de le voir assez remis avant la fin de l'année, pour le prier d'assister avec moi à la profession de Nadine, où il me dit qu'elle l'avait invité. Ses reproches ne tombaient plus sur elle : il admirait, au contraire, la grandeur de son courage, et il ne parlait qu'avec ravissement de la délicatesse et du désintéressement de son amour ; mais il se plaignait amèrement de la rigueur du Ciel, qui l'obligeait de renoncer à la possession d'un tel cœur, après avoir été assez heureux pour en avoir obtenu toute la tendresse. Il parlait de sa naissance et de son rang avec un mépris qui l'eût élevé à la perfection du christianisme, s'il eût eu une meilleure cause. Pour ce qui regardait la liberté que Nadine prétendait lui rendre, il protestait qu'il ne voulait point la reprendre, ou qu'il n'en userait jamais ; qu'il serait occupé de sa passion toute sa vie ; qu'il en passerait la plus grande partie dans le lieu où elle faisait sa demeure ; qu'il jouirait du moins de la satisfaction de la voir ; et que n'ayant plus à espérer d'autre félicité, il y bornerait tous ses plaisirs et tous ses désirs. J'entrai dans tous ses sentimens.

Il retourna au château de M. le duc, d'où il ne sortit, pendant plusieurs mois, que pour me venir voir trois fois chaque semaine. Il employait le reste du temps à l'étude ou à la chasse dans le parc. J'allais le visiter aussi de temps en temps. Nadine revenait dans tous nos entretiens. Quelquefois il s'attendrissait jusqu'aux larmes en parlant d'elle, quelquefois il paraissait plus ferme; mais je voyais que cette image était toujours dominante au fond de son cœur, et je travaillais moins à l'effacer qu'à lui faire prendre l'habitude de l'y porter sans trouble et sans douleur.

Enfin le temps arriva auquel le sacrifice devait se consommer. Il s'en était informé trop souvent pour l'ignorer. Je reçus une lettre de l'abbesse, par laquelle elle m'en donnait avis, et elle me priait, au nom de ma nièce, d'y assister avec ma famille. Je la fis voir au marquis. J'irai, me dit-il avec un grand soupir, j'irai, n'en doutez pas; heureux si je puis laisser la vie au pied du même autel où elle va se sacrifier !

Mon gendre et ma fille m'étant venus prendre dans leur carrosse, il s'y mit avec nous. Le sien ne laissa pas de nous accompagner avec une suite convenable. Étant arrivés à C....., je voulus voir ma nièce avant le jour de la cérémonie, et je ne pus résister à la prière que me fit le marquis de l'y mener avec moi. Cette tendre victime parut à la grille dans un ajustement où je ne l'avais point encore vue. Je fus ébloui de ses charmes. Jamais elle ne m'avait paru plus aimable que sous cette triste livrée de mort et de pénitence. Le repos de la solitude donne au teint des religieuses une fraîcheur et un air d'embonpoint dont tout l'art des dames mondaines ne saurait approcher. Elle fut surprise de voir le marquis avec moi; car, quoiqu'elle eût souhaité qu'il fût présent à sa profession, elle n'avait osé lui écrire, ni me proposer de le faire pour elle. Je lui dis : Vous êtes donc à la veille, ma chère nièce, de ce grand jour qui va vous séparer éternellement du monde ! Rien n'est donc capable d'ébranler vos résolutions ! Elle me répondit que la cérémonie qu'elle allait faire n'était qu'un renouvellement extérieur de ce qui était conclu depuis un an dans son cœur. Il est encore temps néanmoins, repris-je, de vous défaire de vos liens, s'ils peuvent vous devenir incommodes. Examinez de nouveau le fond de votre ame; consultez vos forces; songez que le Ciel n'accepte que les offrandes volontaires. L'offrande est faite, répliqua-t-elle d'un ton ferme, et s'il suffit qu'elle soit volontaire pour être acceptée, je ne doute point que le Ciel n'ait reçu la mienne avec miséricorde.

Le marquis nous écoutait sans oser lever les yeux sur elle ; cependant il trouva quelque chose de si dur pour lui dans ces derniers mots, qu'il ne put s'empêcher de l'interrompre avec un soupir : Ah ! Madame, lui dit-il, est-il possible que l'état où vous me réduisez ne vous cause pas le moindre regret! Vous m'ôtez donc la seule consolation qui pourrait flatter une excessive douleur, et vous me remettez dans la nécessité d'avoir recours à la mort pour me délivrer de mes peines! Elle tourna les yeux vers lui pour lui répondre que s'il avait toujours la bonté de conserver quelque affection pour elle, il n'y avait rien d'affligeant pour lui dans l'expression qu'elle avait employée; que son sacrifice était sans doute libre et volontaire; mais qu'il n'ignorait pas de quoi le Ciel s'était servi pour lui inspirer cette volonté; qu'elle avait deux motifs qui lui faisaient regarder la solitude avec joie : l'un, d'avoir su lui marquer qu'elle n'était peut-être pas indigne de l'estime qu'il avait eue pour elle, par la promptitude avec laquelle elle s'était rendu justice lorsqu'elle avait reconnu qu'il était impossible qu'elle fût à lui; et l'autre, d'avoir été assez heureuse pour expliquer cette impossibilité comme une marque de vocation à la vie religieuse, et d'avoir obtenu du Ciel la force d'y répondre sans balancer. Le marquis ne se fit plus entendre que par ses soupirs. Notre conversation étant finie, je baisai la main de ma nièce, et je la présentai moi-même au jeune amant, qui pensa rendre l'ame en faisant la même chose.

Le lendemain, qui était le jour de la cérémonie, il me parut si pressé de sa douleur, que je ne lui conseillai point de se rendre avec nous à l'église. Il demeura seul dans sa chambre, où je vins le rejoindre le plus tôt qu'il me fut possible. Je le trouvai dans un abattement que je réussirais mal à exprimer. Son visage était pâle, et ses yeux mouillés de larmes. Je le consolai par toutes les raisons dont j'avais reconnu qu'il était le plus touché. Nous passâmes encore quelques jours à C...., pendant lesquels nous eûmes plusieurs fois le plaisir de voir ma nièce. Le marquis était de toutes nos visites; mais il y portait sa tristesse. Il y parlait peu. Il regardait Nadine en soupirant. Il paraissait ému lorsqu'il l'entendait parler. Il se levait quelquefois tout d'un coup, et il se remettait aussitôt sur sa chaise, comme s'il eût eu honte de ce mouvement involontaire. Il semblait qu'il fût au bord d'une mer profonde qui le séparait d'elle, et que, la voyant dans l'éloignement, il se porta vers elle par ses désirs, tandis qu'il se consumait de la douleur de n'en pouvoir approcher.

Nous retournâmes ensemble à ma solitude. Je l'y retins pendant quelques semaines, et je l'engageai à se rendre à Paris, lorsque je le crus en état de paraître dans le monde avec bienséance. Du caractère dont je connais ce tendre et aimable seigneur, je ne doute point qu'il ne conserve le souvenir de ma nièce jusqu'au tombeau.

Mes jours se sont passés, depuis ce temps-là, dans une parfaite tranquillité. Je suis avec constance l'ordre de mes exercices. Les personnes avec lesquelles je vis supportent charitablement mes faiblesses et les infirmités de mon âge. La mort, que j'attends à toute heure, ne me cause nul effroi ; je la regarde comme le commencement d'une vie plus heureuse. Chaque moment qui m'en approche me paraît autant de gagné sur mes espérances. Je compte les heures avec une joie avide, et mes sentimens changeront beaucoup, si je n'entends pas sonner volontiers la dernière.

Le Ciel permet que j'aie quelquefois l'occasion d'exercer de bonnes œuvres. Il y a quelques mois que deux personnes de qualité, du voisinage, prirent querelle sur un différend fort léger. Leurs amis prévinrent le combat particulier qu'ils méditaient, et me prièrent de leur servir de médiateur. Je me chargeai avec joie de cette entreprise. L'offensé me coûta beaucoup à pacifier. Je lui représentais en vain que sa haine et ses projets de vengeance excédaient l'offense légère qu'il avait reçue ; qu'il y avait de l'injustice par conséquent dans ses desseins ; et qu'en ne considérant même que les lois du monde, l'excès auquel il voulait se porter ne serait point approuvé des honnêtes gens. Mes raisonnemens ne l'ébranlaient point. Un trait de morale, qui m'échappa dans l'entretien que j'avais avec lui, le disposa tout d'un coup à la paix. Ne voyez-vous pas, lui dis-je, que votre honneur n'étant point blessé essentiellement dans cette querelle, tout l'avantage est de votre côté? Votre ennemi s'est abaissé au-dessous de vous en vous offensant ; car celui qui fait une offense à quelqu'un, lui accorde une véritable supériorité, en lui donnant le pouvoir de la pardonner. Cette réflexion fut tellement de son goût, qu'il consentit, sur cette seule raison, à se réconcilier.

Mais quelques mois après je me trouvai engagé dans une aventure plus nuisible à mon repos, et qui me fit encore éprouver les sentimens d'une vive compassion.

J'avais appris, du procureur de l'abbaye, qu'un petit château voisin, situé dans un lieu assez désert, et sans autre dépendance qu'un fort beau parc, avait été loué, depuis la mort du président de R..., qui l'avait habité long-temps, à deux jeunes Parisiens qui se disaient frères. L'aîné, qui n'avait pas plus de vingt-huit ans, ne tarda point à rendre une visite au prieur. Dans les premières explications, il lui dit qu'ayant perdu son père, et trouvant sa succession dans un grand désordre, il prenait le parti de venir passer quelques années en province, pour se donner le temps de réparer sa fortune; qu'il avait loué, des héritiers du président de R..., le château voisin avec tous les meubles; qu'un jeune frère qui ne faisait que de sortir du collége et trois ou quatre domestiques étaient les seuls compagnons de sa solitude; mais qu'il demandait au prieur la permission de le voir quelquefois, lui et ses religieux, et que, pendant les fréquens voyages qu'il serait obligé de faire à Paris, il prendrait la liberté de mettre son frère sous leur protection. Il ajouta que ce frère était d'une santé si délicate, qu'elle ne lui permettait guère de s'éloigner du château, et que l'espérance de la fortifier dans une campagne où l'air paraissait excellent, avait autant contribué que la nécessité de leurs affaires à les déterminer pour le séjour de la province.

Après lui avoir fait une réponse civile, le prieur, dont les attentions n'ont pas de bornes pour moi, se fit un devoir de me le présenter, en lui apprenant les raisons pour lesquelles il se croyait obligé à cette politesse. Je vis un jeune homme d'une physionomie assez noble, accompagnée néanmoins d'un peu de contrainte, surtout lorsque m'ayant répété ce qu'il avait dit au prieur, je l'assurai que si, pendant son absence, il craignait quelque chose pour un frère aussi jeune qu'il nous présentait le sien ; j'aurais toujours une chambre à lui offrir dans mon appartement, et que toute l'abbaye veillerait à sa santé. Il me répondit que, loin de me causer la moindre incommodité, il ne demandait pour son frère qu'une attention générale dans les occasions où sa jeunesse pouvait l'exposer à quelque danger. Le père prieur l'ayant retenu à dîner, il soutint la conversation avec assez d'esprit et de décence ; mais j'observai qu'il avait peine à soutenir mes regards, et qu'il paraissait gêné lorsque mes discours s'adressaient directement à lui. En sortant de table, il parla d'une affaire pressante qui l'obligeait de nous quitter. On lui laissa la liberté qu'il désirait. Le prieur, après l'avoir conduit assez loin, revint me dire aussitôt qu'il était invité à dîner pour le lendemain chez les deux frères, et qu'il n'avait pu se dispenser de le promettre. Il ajouta qu'il lui paraissait surprenant que ce jeune homme ne m'eût pas fait la même proposition. J'en suis moins surpris que vous, lui répondis-je avec un sourire. Mon âge commence à m'exclure du commerce des jeunes gens. En effet, je n'attribuais l'air d'embarras que j'avais remarqué à M. de Node (c'est le nom sous lequel il s'était fait annoncer), qu'au respect dont on ne se défend guère pour les tristes apparences de la vieillesse.

Le prieur ne manqua point à son engagement. Il revint vers le soir extrêmement satisfait des deux frères. La peinture qu'il me fit du plus jeune (qu'on nommait le chevalier) était si charmante qu'elle me parut exagérée. Il ne parlait point de sa figure, me dit-il, qui était celle d'un ange; mais il ne pouvait louer assez son esprit, sa douceur et l'excellence de son naturel. Dans une conversation qui avait duré la plus grande partie du jour, et qui lui avait semblé trop courte, il avait raconté aux deux frères mes principales aventures. Le chevalier en avait été si touché, qu'il lui était échappé plusieurs fois des larmes. Il y avait mêlé des réflexions et des sentimens qui surpassaient un âge si tendre; car on ne pouvait lui donner plus de quinze ou seize ans. Ses manières, le son de sa voix, l'air intéressant qui était répandu dans sa physionomie, toute sa personne avait pénétré d'admiration le bon prieur. Il employa un quart d'heure à me faire ce récit. Quel malheur, ajouta-t-il, qu'un jeune homme d'une si belle espérance manque de santé où plutôt de force ! On ne le croirait pas malade à le voir ; mais il est affligé d'une faiblesse de jambes qui ne lui permet pas de sortir du château.

Je félicitai le prieur de la satisfaction dont je le voyais rempli. Il me demanda si je n'aurais pas la curiosité de voir un enfant si aimable. Il y a peu d'apparence, lui dis-je, que je cherche à me faire des amis de cet âge, ou à m'introduire dans une maison où l'on n'a marqué aucune envie de me voir. En vain répliqua-t-il que le récit de mon histoire avait fait regretter à l'aîné des deux frères de ne m'avoir pas invité, et désirer au chevalier de faire connaissance avec moi ; je le fis souvenir des raisons qui m'attachaient à ma retraite, et qui ne me laissaient plus d'autres goûts. Il cessa de me presser ; mais, rappelé par son inclination, il retourna au château dès le jour suivant.

Ses visites continuèrent jusqu'au départ de l'aîné, qui ne devait pas être absent plus de quinze jours, et qui lui recommanda instamment son frère. Ce fut un nouveau prétexte pour ses assiduités. Il ne quittait plus le chevalier pendant le jour; et le soir, à son retour, il venait m'entretenir de toutes les perfections qu'il découvrait dans son caractère. Il lui avait renouvelé l'offre d'un logement dans l'abbaye; et je n'avais pas d'éloignement moi-même à l'y recevoir auprès de moi. Une chaise à porteurs, qui me servait à traverser les cours dans le mauvais temps, répondait à toutes les objections de la maladie. Mais rien n'avait pu le faire consentir à cette proposition, et les quinze jours se passèrent sans aucune marque de changement.

Le seizième jour au soir je reçus un billet de lui, par lequel il me priait, avec les plus fortes instances, d'accepter un dîner au château pour le lendemain. Je lui répondis sur-le-champ que j'étais fort sensible à cette politesse; mais que, dans mes idées de retraite, je me faisais une loi de ne pas chercher de plaisir au dehors. Le prieur, qui n'ignorait pas l'invitation, et qui attendait ma réponse avec ordre de la lire, entra dans ma chambre, et me fit un reproche de mon refus. Vous ne savez pas, me dit-il, dans quel état j'ai laissé M. le chevalier. Il vous priait à dîner pour demain, et je doute qu'il vive jusqu'au jour. J'arrive du château. On lui a remis une lettre qui le jette dans une mortelle affliction. Il pleure, il se désespère. Il s'est évanoui deux fois dans mes bras. Ses premiers mouvemens lui ont fait désirer de vous voir. Je lui ai représenté que rien ne pourrait vous engager à sortir si tard de l'abbaye. Il voulait s'y faire transporter sur-le-champ; mais doutant même si vous approuveriez une visite nocturne, je lui ai conseillé de modérer son impatience jusqu'à demain, en lui faisant espérer que vous ne résisteriez pas à quelques lignes pressantes. Votre réponse, que je viens de lire, va l'accabler. Je balance à la rendre au porteur. Je vous exhorte plutôt, au nom du plus aimable enfant du monde, à lui promettre que vous le verrez demain avec moi.

Je me sentis plus touché de la bonté du père, que de la douleur d'un jeune homme dont je jugeais que les plus grandes peines ne pouvaient venir que d'une affaire de cœur, ou de quelque autre passion déréglée. Cette idée suffisant même pour me faire rejeter la visite qu'on me proposait, j'insistai sur ma réponse, et je déclarai civilement qu'il ne me convenait plus d'entrer dans les petits égaremens d'autrui. Cependant, après avoir loué le bon naturel du prieur, je lui dis, de fort bonne foi, que l'aventure me paraissait digne de son zèle, et qu'avec autant d'amitié qu'il en avait pour le jeune chevalier, il était plus capable que moi de servir à sa consolation. J'ajoutai que cette entreprise n'avait rien qui blessât son caractère, puisqu'il y pouvait employer les motifs de la religion, dont je craignais que le jeune homme n'eût besoin pour régler ses désirs, et qui étaient, pour toutes sortes de maux, le plus salutaire de tous les remèdes. Il prit ce conseil aussi sérieusement que je le donnais. Oui, me dit-il, je veux passer la nuit au château. Votre refus y portera la désolation. J'en arrêterai du moins les effets, et peut-être approfondirai-je la cause du mal.

Il y retourna aussitôt. Le lendemain, à sept heures du matin, on m'annonça sa visite dans mon cabinet, où j'étais encore en robe de chambre. J'avais su que mes porteurs avaient été appelés au château dès la pointe du jour, et je m'étais défié d'une partie de la vérité : mais je ne m'attendais pas au spectacle que j'eus tout d'un coup en voyant paraître un jeune homme dont la figure et les grâces l'emportaient sur toutes les descriptions du prieur. Quoiqu'il eût le visage fort abattu et les yeux rouges de larmes, le mouvement qu'il fit pour me retenir sur mon siége, où la confusion de se trouver devant moi rendit un éclat merveilleux à son teint. Je l'embrassai avec un compliment fort sincère sur le plaisir que je prenais à le voir, et quelques excuses de m'être refusé à son invitation. Il se déroba de mes bras pour se jeter sur un fauteuil ; et se tournant vers le prieur, il lui dit que, tout pénétré qu'il était de son amitié, il ne pouvait s'expliquer devant lui. Ce père ne fit pas difficulté de sortir. J'avoue que je demeurai alors dans l'attente de quelque ouverture extraordinaire. Les larmes du chevalier recommencèrent à s'ouvrir un passage, et furent accompagnées de quelques sanglots. Ensuite il me conjura de l'écouter.

C'était une fille. Hélas! il n'était qu'une malheureuse fille, l'objet de la haine du Ciel, et le jouet du plus perfide de tous les hommes. Sa confiance devait m'étonner dans une première visite, si je ne savais pas qu'elle avait appris du père prieur que j'étais homme d'une naissance distinguée, aussi exercé à la vertu qu'à l'infortune, et capable, par conséquent, de lui donner des secours qu'elle n'attendait plus que de moi. Elle me raconta ainsi son histoire en peu de mots.

Elle était d'une ancienne maison ; mais née sans biens, et demeurée orpheline dès l'enfance. Le monstre qui violait tous les droits pour la trahir, était fils d'un riche financier dont la femme avait pris pour elle tous les sentimens d'une mère, et l'avait fait élever fort soigneusement. Après la mort de cette généreuse femme, n'ayant pas trouvé les mêmes dispositions dans son mari, elle n'avait eu pour ressource que l'affection de leur fils, qui, se couvrant du masque de la générosité, avait continué de fournir à la dépense de son éducation, dans un couvent d'où elle n'était pas sortie. Il ne lui déguisait pas qu'il avait conçu beaucoup de tendresse pour elle ; et s'il ne l'avait pas trompée dès le premier moment, son dessein était alors de l'épouser. Les difficultés qu'il craignait de la part de son père, étaient le seul obstacle qui semblait le retenir. Trop jeune encore pour connaître la défiance, elle s'applaudissait de son bonheur, et tous ses soins se rapportaient à se rendre digne de son amant. A peine était-elle entrée dans sa quinzième année, qu'il lui avait parlé de mariage avec des désirs plus vifs et des espérances plus prochaines. Elle confessait qu'elle n'avait commencé qu'alors à sentir le pouvoir de l'amour. Il s'en était aperçu sans doute, puisqu'il avait pris ce temps pour lui représenter plus vivement que jamais ce qu'il avait à craindre du ressentiment de son père, et pour lui proposer un mariage secret en province, sous le déguisement où je la voyais. Elle n'y avait consenti qu'après de longues résistances. C'était dans cette vue qu'ils avaient loué le château qu'ils étaient venu occuper. Depuis deux mois qu'ils y demeuraient, il avait retardé leur mariage sous divers prétextes ; et quoiqu'il eût souvent tenté sa vertu, il n'y avait jamais employé que les tendresses et les empressemens de l'amour. Elle avait eu la force d'y résister. Enfin il était parti dans la résolution de finir ce qu'il nommait son tourment. Il n'avait demandé que quinze jours pour revenir avec toutes les permissions ecclésiastiques. Cependant... Ah! Monsieur, vous persuaderez-vous jamais ce que vous allez entendre? Cependant... Son discours, qu'elle avait continué jusqu'ici d'un ton assez calme, fut interrompu par une si grande abondance de larmes et de si fréquens sanglots, que, dans la crainte de quelque accident, je me levai pour appeler du secours. Mais elle m'arrêta de ses deux mains; et les joignant devant moi avec une action toute passionnée : Écoutez-moi, Monsieur, au nom du Ciel, écoutez-moi, et sauvez une malheureuse du dernier désespoir! Je reçus hier deux lettres : l'une du perfide, qui me fait des excuses de son retardement, et qui me promet d'être ici dans trois jours avec un prêtre et les permissions; l'autre de son valet de chambre, que je me suis attaché par mes bienfaits, et qui me marque avec horreur que son maître s'est marié le jour même.

Je la crus réellement mourante après cette explication. Son courage, qui s'était soutenu par l'espoir de me faire entrer dans ses intérêts, l'abandonna tout d'un coup. Une pâleur mortelle se répandit sur son visage ; et, penchant la tête sur son sein, elle demeura sans mouvement et sans connaissance. Ce n'était néanmoins qu'un évanouissement. Je m'approchai d'elle ; je l'exhortai à rappeler ses forces. Mon espérance était de pouvoir la tirer de cet état sans la participation de mes domestiques; mais, après y avoir perdu mes soins, je m'avançai à la porte de mon antichambre dans le dessein d'appeler quelqu'un. Heureusement le prieur ne s'était pas éloigné. Je le pressai de rentrer et de seconder mon zèle. Son inquiétude devint si vive en voyant son chevalier sans aucune marque de vie, que, se souvenant des secours qu'il lui avait vu donner au château dans les mêmes occasions, il s'empressa beaucoup pour ouvrir son justaucorps et pour le délivrer de tout ce qui lui serrait le cou. Cette officieuse ardeur me fit sourire. Comme je le connaissais fort honnête homme, je lui conseillai de se modérer, et je l'avertis qu'il pourrait regretter d'avoir poussé trop loin ses services. Enfin la jeune personne ouvrit les yeux ; et retrouvant la force de parler, après avoir poussé quelques soupirs, elle me demanda, d'un ton fort touchant, si je l'abandonnerais dans sa déplorable situation. Non, Mademoiselle, lui répondis-je, si c'est un sentiment de vertu et d'honneur qui vous fait désirer d'en sortir.

Ma réponse fit faire deux pas en arrière au prieur. Il me regarda d'un air interdit; et le bon sens dont il était rempli lui faisant comparer en un moment toutes les circonstances, il reconnut bientôt que le chevalier, qui lui avait paru si aimable, était une fille qui ne l'était pas moins. Il voulut se retirer avec autant d'effroi que de confusion ; mais je l'arrêtai. Vous demeurerez, lui dis-je. Il n'est pas question de vous armer ici d'une farouche vertu. Gardez-vous encore plus de faire éclater cette aventure. L'importance est de prévenir le scandale, qui serait inévitable si le sexe de mademoiselle était connu. Pour moi, qui me repose sur mon âge et mes principes, je commence par vous déclarer que, dans la résolution où je suis de la servir, je me fais son gardien pendant quelques jours. Mon appartement n'étant point dans la clôture de l'abbaye, vous serez à couvert de toute sorte de blâme; et si nous sommes capables de nous taire, on ne verra dans le parti que je prends de la retenir avec moi, qu'une suite de mes premières offres, qui ont été connues de tout le monde. Je ne m'explique point encore sur ce que je pense à faire pour elle. Mais il est important qu'elle m'apprenne si les domestiques qui la servent au château sont dans le secret de son aventure.

Elle m'assura que son sexe n'était connu que de sa femme de chambre, qui était dans le même déguisement qu'elle, et du valet de chambre de M. de Node, qu'il avait emmené à Paris; qu'elle faisait un fond extrême sur la fidélité de ces deux personnes; et que si j'avais la générosité de lui accorder un asile, elle me priait de trouver bon que sa femme de chambre y fût près d'elle. C'est mon dessein, lui dis-je, et votre premier soin doit être de revêtir cet arrangement de quelques bonnes couleurs. En effet, l'ordre fut donné sur-le-champ pour faire venir la femme de chambre à l'abbaye. On n'eut pas besoin d'autre prétexte que le rétablissement de M. le chevalier, qui commençait à se trouver les jambes moins faibles depuis qu'il était sorti du château. Il était temps de renoncer à cette feinte. Je les mis en possession d'une chambre dont je pouvais me priver sans incommodité; et craignant que le temps ne me manquât pour le projet que j'avais déjà conçu, je me hâtai de prendre le chemin de Paris, dans ma chaise de poste.

Le désir de sauver une fille charmante, qui ne me paraissait pas digne de son malheur, m'avait inspiré d'aller au-devant de M. de Node, et d'employer toute la force de l'honneur et de la raison pour lui faire honte de ses infâmes vues; car il n'était pas difficile de les pénétrer dans toute leur noirceur. Je le rencontrai le second jour de ma marche. Il changeait de chevaux à la poste. Une sorte d'ecclésiastique que je découvris dans la même chaise, était apparemment le ministre qu'il voulait faire servir à son imposture. Je descendis sans affectation ; et m'approchant d'eux, je feignis, avec quelques marques d'étonnement, de reconnaître M. de Node. Sa surprise fut beaucoup plus réelle, et venait sans doute du reproche de son cœur, comme l'air de contrainte que je lui avais remarqué dans notre première entrevue. Cependant il ne fit pas difficulté de répondre à mes politesses, ni même de descendre, lorsque j'eus ajouté qu'ayant vu la veille M. le chevalier, j'étais en état de lui rendre compte de sa santé. Il me suivit dans une chambre de l'hôtellerie, où je le priai d'entrer avec moi. Nous nous assîmes. Je fis apporter quelques rafraîchissemens.

Quoique j'eusse peine à contenir mon indignation, ce ne fut qu'après quelques éloges de son frère, pendant lesquels je le vis changer vingt fois de couleur, que j'entrai dans l'explication que j'avais méditée. Je pris un ton ferme pour lui dire que le Ciel et la terre étaient déclarés contre lui ; que je ne lui conseillais point de faire un pas de plus dans la même route ; qu'il y trouverait sa perte, au lieu de la criminelle satisfaction qu'il s'y promettait, et que je n'étais parti que pour lui rendre le service de l'en informer. Cet exorde le jeta dans une profonde consternation. Il demeura quelques momens sans répondre, les yeux baissés et le visage si pâle, que je le crus prêt à s'évanouir. Cependant, comme je n'avais pas touché au fond de ses vues, un moment de réflexion lui fit juger que des accusations si vagues pouvaient être désavouées ; et comprenant néanmoins qu'elles portaient sur quelque découverte qu'il ne pouvait s'imaginer, il prit le parti de s'envelopper dans une réponse obscure. Il me dit qu'il n'entendait rien à mon langage, et qu'il devinait encore moins mes intentions ; mais que s'il était question du chevalier, qui pouvait s'être rendu coupable de quelque indiscrétion pendant son absence, il venait dans le dessein de le reconduire à Paris.

L'artifice me parut si grossier, qu'il me fit rompre toutes mesures. Ecoutez-moi, repris-je, et voyez s'il manque quelque chose à nos informations. Vous êtes marié depuis quatre jours. Le chevalier est une jeune fille de sang noble, que vous êtes résolu de tromper, après avoir inutilement tenté de la séduire. Je frémis de l'horrible imposture que vous méditez. Elle ne l'ignore plus. Le Ciel, qui veille sur son innocence, lui a fait trouver un asile et des protecteurs. En un mot, votre affreux système de profanation et de libertinage est dévoilé jusqu'au fond. C'est à vous d'éviter le châtiment des hommes par une prompte fuite, et celui du Ciel par le repentir. C'est à vous encore d'examiner quelle reconnaissance vous croyez devoir à ceux qui vous donnent cet avis, et par quelles actions vous pouvez espérer de vous rétablir dans leur estime.

M. de Node, à qui je n'oubliai pas de

faire sentir aussi que son véritable nom n'était pas ignoré, appuya les deux coudes sur une table voisine, pencha la tête, et, se couvrant le front des deux mains, demeura quelque temps dans cette posture, livré sans doute à de profondes méditations. Je lui laissai tout le temps qu'il paraissait désirer. Enfin, se relevant d'un air plus libre, il me remercia du service que je lui avais rendu ; mais il me pria d'entendre un récit qu'il croyait capable de le justifier. Je lui promis l'attention qu'il me demandait.

Rosette, me dit-il, puisque vous connaissez son sexe, ne doit sa beauté qu'à la nature ; mais elle a l'obligation de tout son mérite à ma mère, qui, l'ayant sauvée d'un sort peu conforme à sa naissance, n'a rien épargné pour son éducation. Je l'ai vue croître dans le sein de ma famille. Je me suis accoutumé à ne rien trouver de si charmant qu'elle ; et, malgré la différence de nos âges, j'ai cru découvrir qu'elle était sensible à mon inclination. Mon père, à qui ses richesses avaient fait concevoir des vues fort ambitieuses en ma faveur, s'aperçut de mes sentimens. Il força ma mère d'en éloigner l'objet. Rosette n'avait pas neuf ans. Elle me fut enlevée avec une cruelle adresse à me cacher sa demeure. Ma mère avait eu la permission de la mettre dans un couvent. Je découvris cette retraite à force de soins; mais je fis des efforts inutiles pour en obtenir l'accès, et je passai trois ans à me consumer de regret et d'amour. Cette innocente passion m'a garanti de tous les désordres de la jeunesse.

La mort de ma mère fut une nouvelle disgrâce pour Rosette. Mon père, qui l'avait prise en aversion, depuis ses premières craintes, refusa de fournir aux frais de son entretien. A quelles humiliations ne demeurait-elle pas exposée, si la force d'un intérêt si cher ne m'eût pas fait découvrir sa situation ? J'employai tout ce que je pus dérober à mes besoins pour lui faire un sort digne de son mérite, et des vues que j'avais sur elle. Ma mère m'avait laissé peu de bien, et je n'aurais pas eu la hardiesse d'en demander compte à mon père; mais ne connaissant point d'autre bonheur que de faire celui de Rosette, j'étais assez riche pour elle et pour moi de ce que je retranchais continuellement à mes plaisirs. Le titre de son protecteur, et quelques explications que j'eus avec les supérieures du couvent, sur la nature de mes intentions, me firent obtenir la liberté de la voir. Sa reconnaissance et le souvenir de ses premières années l'ayant disposée à m'accorder sa tendresse, elle reçut mes sermens, et je me crus le plus heureux de tous les hommes en obtenant les siens.

Mes prétentions ne seraient pas allées plus loin jusqu'à la mort de mon père. Je connaissais une partie de ses vues pour ma fortune; et, depuis plusieurs années, j'avais réussi fort heureusement à les éluder. Mais, soit qu'il fût choqué de ma résistance, ou qu'on l'eût informé de mes engagemens, il me parla de soumission avec tant de hauteur, que je désespérai de soutenir plus long-temps le même rôle. On lui avait proposé pour moi un parti considérable, avec l'assurance d'une charge du premier ordre. Il me déclara que, si je me refusais à ses volontés, je ne devais attendre de lui qu'une éternelle indignation. Ce fut alors qu'après avoir communiqué à Rosette une partie de mes peines, je lui proposai de quitter Paris, et de nous unir inséparablement par un mariage secret. Tout était sincère dans mes résolutions. Eh! comment aurais-je manqué de bonne foi pour le bonheur de ma vie? Je comptais de faire passer mon évasion pour l'effet des persécutions de mon père, surtout avec le soin que j'ai pris de répandre que j'allais promener mes chagrins dans les pays étrangers; et je me flattais qu'il la regarderait lui-même comme le désespoir d'un fils qui aimait mieux s'éloigner de sa présence, que de manquer de respect pour ses ordres. J'empruntai dix mille écus d'un ami, le seul à qui j'aie confié mes desseins et le choix que j'avais déjà fait de ma demeure. Je faisais entrer dans mes vues de retourner à Paris après mon mariage, de faire ma paix avec mon père, et de me dérober par intervalles, sous le prétexte de quelques nouveaux voyages. Il ne manquait au succès de ce plan, qu'une facilité que je n'ai pas trouvée dans les prêtres de province. On m'a demandé des explications auxquelles je ne m'étais pas attendu. Cet obstacle m'a déconcerté. Cependant on me faisait espérer qu'après un séjour de trois mois, les difficultés pourraient diminuer. Je vivais tranquillement dans cette espérance, lorsqu'une lettre de mon confident m'a forcé de retourner à Paris. Il m'écrivait en termes obscurs, mais si pressans, qu'ils m'ont fait entrevoir quelque événement d'importance, dont Rosette ne devait pas être informée. Je ne l'ai quittée néanmoins qu'avec sa participation ; et, prenant occasion des circonstances, je lui ai promis à mon départ d'amener de Paris quelque prêtre moins difficile, dont j'achèterais les services à force d'argent, si je ne pouvais les obtenir par d'autres voies.

M. de Node avait fait cette partie de sa narration d'un air composé ; mais ses remords paraissant l'agiter à mesure qu'il approchait du dénouement, il s'arrêta, comme s'il eût cherché ses expressions. Qui croira jamais, reprit-il, en levant les yeux au Ciel, qu'une passion fondée sur l'estime, et conduite avec tant d'innocence, ait été capable de me porter tout d'un coup à la plus coupable résolution ! J'ouvre les yeux sur mon crime ; et je n'avais pas attendu ce moment pour en trouver la punition dans les reproches de mon cœur. Plaignez-moi, puisqu'elle doit aller jusqu'à m'ôter sans retour le bonheur même que j'avais cru m'assurer par un aveugle projet. Il m'en coûtera la vie. Mais achevez de m'entendre.

J'arrive à Paris. Je vais descendre chez mon confident, qui m'informe aussitôt de la mort de mon père. J'aurais eu peine à ne pas regarder cet accident comme une faveur du Ciel, si je n'eusse appris, au même instant, que mon père, furieux de mon absence, et peut-être instruit de celle de Rosette, ne m'avait laissé tout son bien qu'à deux conditions, dont il avait assuré l'effet par toutes les mesures d'une barbare prudence : l'une, que je n'eusse point épousé Rosette; l'autre, que dans l'espace de trois mois, je serais marié à la jeune personne qu'il m'avait proposée. Quelle horrible explication ! Ce n'est pas tout d'un coup néanmoins que mon désespoir m'a conduit aux plus aveugles emportemens. Mais, après avoir trop vérifié mon malheur; après avoir reconnu qu'il fallait perdre Rosette, ou me priver d'une immense fortune, et par conséquent du pouvoir de la rendre heureuse, je confesse que la raison, l'honneur et la religion même n'ont pu tenir contre la force de ma passion. J'ai pris le parti de feindre que j'entrais volontiers dans toutes les dispositions de mon père, et je n'ai marqué d'empressement que pour la célébration du mariage. Quelques jours m'ont suffi pour mes arrangemens. Je me suis marié en maudissant ma chaîne; et, dans le moment même où j'ai quitté le pied de l'autel, je me suis dérobé à tous les témoins de cet affreux sacrifice. Une lettre, que je me suis hâté d'écrire à celle que je n'ose nommer ma femme, doit lui avoir appris qu'elle ne me reverra jamais, et que je la détesterai toute ma vie, pour s'être prévalue contre moi des cruelles volontés d'un père.

Je suis parti, reprit-il, en me regardant d'un œil timide. Je vous rencontre. Vous m'assurez que Rosette est informée de mon triste sort. Hélas! que pense-t-elle de moi? Me croit-elle capable de l'abandonner, de vivre sans elle, de ne pas mettre tout mon bonheur à faire le sien! Ordonnez vous-même de ma vie et de ma conduite. Je me soumets à tout ce que vous ferez pour elle et pour moi.

Il ne m'apprenait point, dans ce récit, quel usage il voulait faire de l'ecclésiastique dont il s'était fait accompagner; et je jugeai même, aux apparences, que ce n'était qu'un valet déguisé sous l'habit d'un homme d'église. Mais, comme il était inutile d'exiger l'aveu d'un crime avorté, je lui en épargnai la honte. Il ne m'appartient pas, lui dis-je, de vous reprocher votre noir dessein, ni d'entrer dans les horreurs que vous m'avez éclaircies. Rosette, puisque vous lui donnez ce nom, est en sûreté ; j'en rends grâces au Ciel pour elle. Vous devez perdre l'espérance de la voir ; c'est une liberté que vous n'obtiendrez ni d'elle, ni de moi. Elle est sans bien, dites-vous, et vous êtes en possession du vôtre. Voyez ce que vous croyez devoir à la malheureuse confiance que vous lui aviez inspirée pour vous. Je me déclare son protecteur, et je lui en promets de plus puissans, aussi long-temps qu'elle conservera de l'attachement pour la vertu. J'ajoutai que, s'il avait quelque chose de plus à me communiquer, ses lettres pouvaient m'être adressées à l'abbaye où je faisais ma demeure.

Il ne me fit aucune réponse, et ses regards marquaient une mortelle consternation. Cependant, lorsqu'il m'entendit donner l'ordre de mettre les chevaux à ma chaise, il me tint quelques discours passionnés, auxquels je ne répondis que par des exhortations vagues à rentrer dans les bornes de la religion et de l'honneur. Comme je me disposais à partir, il me pria plus tranquillement de recevoir une bourse qui me parut contenir deux ou trois cents louis pour les besoins de Rosette, me dit-il, à laquelle il se souvenait d'avoir laissé peu d'argent. Je le dispensai de cette libéralité, en l'assurant qu'elle ne manquerait de rien sous ma protection : mais l'avenir vous regarde, ajoutai-je ; et vous ne devez pas oublier non plus que les frais du château tombent uniquement sur vous.

Nous nous séparâmes. En arrivant à l'abbaye, je n'eus pas de peine à faire entrer mademoiselle Rosette dans la résolution d'oublier un homme qui ne pouvait plus être à elle, et de le mépriser même, pour avoir entrepris de la tromper si cruellement. J'allai au-devant de toutes ses craintes, par l'offre que je lui fis de la conduire dans un couvent, et d'y fournir à sa subsistance aussi long-temps qu'elle se rendrait digne de mes soins. C'était retrancher quelque chose à la douceur de ma situation ; mais je ne pouvais faire un meilleur usage de mon superflu. Elle se défendit modestement de m'engager dans cette dépense, en se réduisant à me demander ma protection pour prendre le voile et renoncer tout-à-fait au monde. Je lui fis reconnaître aisément qu'un dessein de cette nature demandait un esprit plus tranquille et d'autres réflexions. Ma fille, que je fus obligée d'employer pour lui procurer une retraite, désira de la voir, et fit ensuite par inclination ce qu'elle n'avait commencé qu'à ma prière. Elle se chargea de la présenter aux supérieures ; et j'appris bientôt qu'avec sa générosité ordinaire, au lieu de prendre pour moi l'engagement de la pension, elle l'avait pris pour elle-même.

Mais le tendre différend que nous eûmes là-dessus fut terminé, huit jours après, par une visite de M. de Node, qui m'apportait, pour Rosette, un contrat de rente perpétuelle, du fonds de cent mille francs, qu'il avait constitué sous son nom. Je ne fis pas difficulté de le recevoir, et je l'envoyai au couvent dès le même jour avec de justes félicitations.

Ma fille ayant comme succédé à mes soins, il se passa dix mois entiers, pendant lesquels je n'eus pas d'autre commerce avec Rosette que celui de quelques civilités que je lui faisais faire dans l'occasion. Un jour, je la vis arriver dans le carrosse de ma fille. Après les plus affectueux remercîmens, elle me présenta une lettre que je ne pus lire sans une extrême surprise. M. de Node lui écrivait que la petite vérole venait de lui enlever sa femme; que n'ayant jamais vécu avec elle, il se croyait dispensé des bienséances ordinaires du veuvage; et que, dans la confiance de retrouver à sa chère Rosette les sentimens qu'elle avait eus pour lui, il n'attendait que ses ordres pour se rendre auprès d'elle, et lui faire oublier, par un heureux mariage, des excès qui n'avaient pu mériter sa haine, puisqu'elle n'avait pu les attribuer qu'à l'amour.

Je ne fis pas la moindre objection contre un parti qui me parut décidé dans le cœur de mademoiselle Rosette. Elle voulut me parler « des obligations qu'elle avait à « M. de Node, de son caractère, qu'elle « connaissait dans le fond, malgré..... » Je l'interrompis : Un bon caractère, lui dis-je, peut se relever des plus mortelles chutes; et les derniers procédés de M. de Node sont d'un bon augure pour le sien. Ainsi, je ne condamne point votre facilité à lui pardonner. Mais songez, Mademoiselle, que le pouvoir qu'il vous reconnaît sur lui vous rend aussi comptable de sa vertu que de son bonheur et du vôtre. Elle me promit de ne pas oublier cette leçon.

Ils se marièrent deux mois après. Je reçois quelquefois de leurs nouvelles; et leurs lettres me trompent, s'ils ne vivent pas heureusement.

CONCLUSION.

Il ne me reste à ajouter à ces Mémoires qu'un souhait en faveur de mon Ouvrage. Puisse-t-il être lu du public avec des vues aussi innocentes que les miennes le sont en écrivant! Je ne le destine point à être imprimé avant ma mort. La publication des deux premières parties n'a que trop inspiré l'envie de me connaître; et soit curiosité, soit compassion pour mes infortunes, elle m'a attiré la visite de quantité de personnes étrangères. Je ne veux plus que cette curiosité se réveille.

FIN DU TOME QUATRIÈME ET DERNIER.

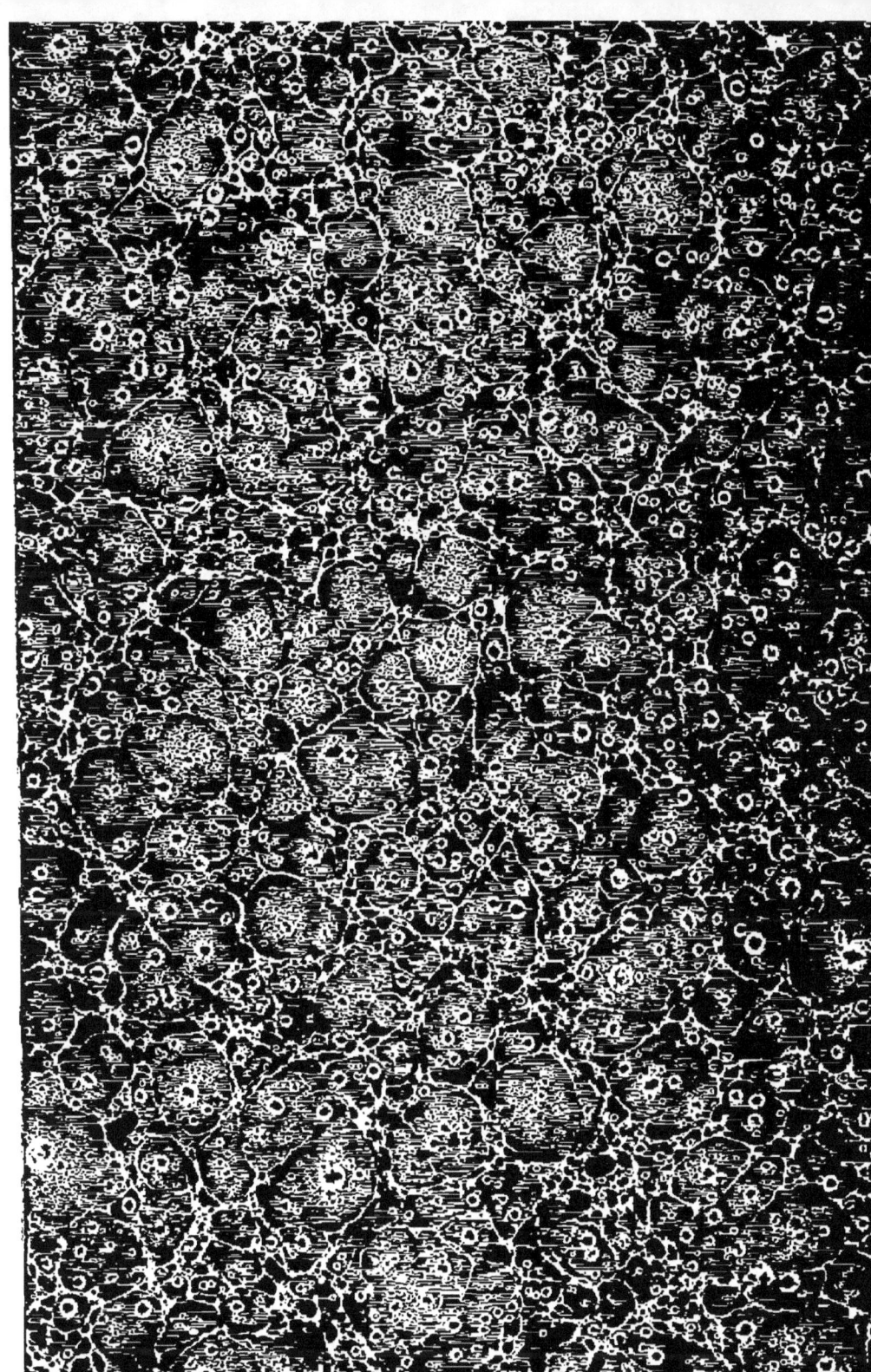

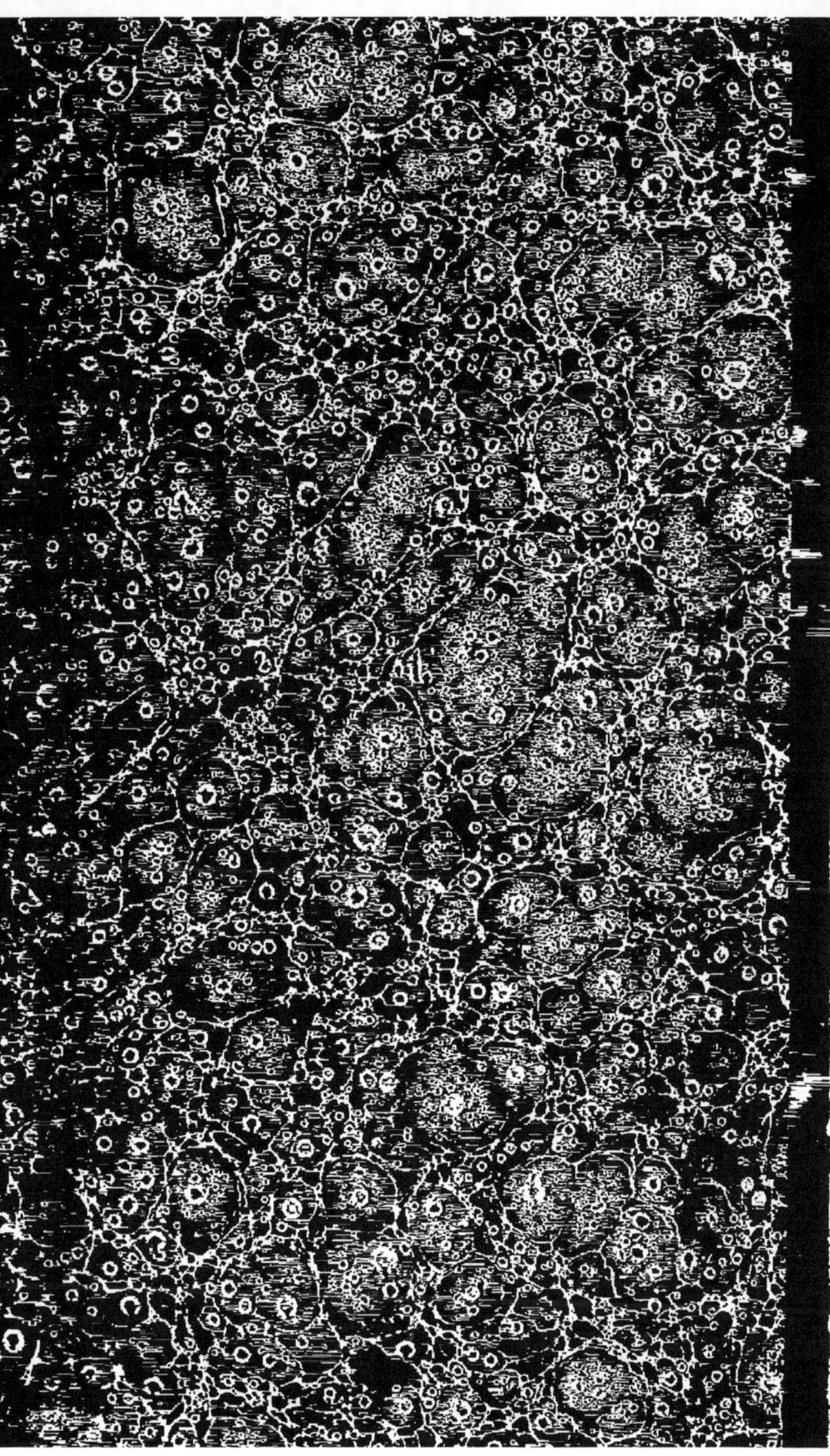

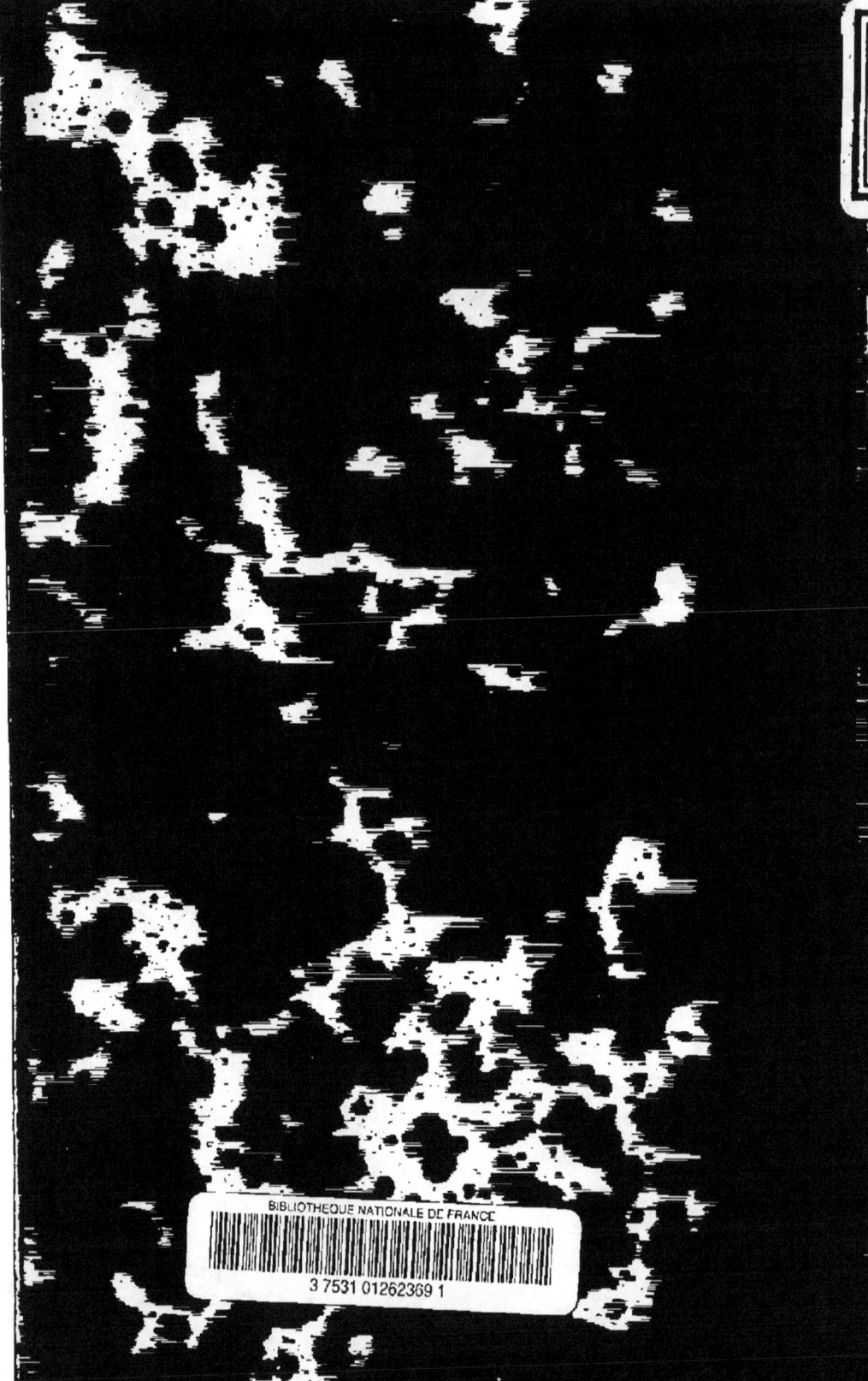

www.ingramcontent.com/pod-product-compliance
Lightning Source LLC
Chambersburg PA
CBHW050423170426
43201CB00008B/517